47歳、まだまだボウヤ

櫻井孝宏

KADOKAWA

前書き

皆さん、初めまして。櫻井孝宏と申します。声優をやっております。芸歴25年の47歳、愛知生まれのアニメ育ち、主食はレコードです。

小学生で声優を知り、中学生で自分の声を知り、高校生で専門学校の存在を知り、専門学校で1年勉強して東京へ。上京後は声優養成所へ3年間通って、仮所属を経て晴れてプロに。アルバイトを除けば他の就労経験はなく、声の仕事一筋でやってきました。

声優という特殊そうな職業に従事してますが、その実中身は特殊でもなんでもないただのおじさんです。自分が出てるアニメを見て「こんな男前だったらなぁ」とか「空飛べたらなぁ」とか、浅いところでリアクションしてる俗っぽいおじさんなのです。

そんな獣道を歩いてきた中年声優がヒーヒー言いながら書いたのが本書「47歳、まだまだボウヤ」で、自身の半生をそれなりに正直に記しております。この本はターゲットを狙って書いてませんが、個人的に男の子に読んでもらえたら嬉しいと思っています。私より少し若いおじさんくらいまでだったら生活に役立てられるかもしれません。共感共鳴でも、反面教師でも「人の振り見て」でもなんでもいいです。ハウツー本代わりにぜひ。

そして声優を目指す人にも手に取ってもらいたい。サンプルが私1人で恐縮ですが、声優の生態や実態が少し垣間見られると思います。例えば10代にしてみれば47歳なんてお父さん以上の年齢。それでも同じように悩み、迷い、凹んでいます。ラーメンか牛丼かで具合が悪くなるほど迷ったり、二日酔いの朝に昨晩の自分を呪ったりしています。何せまだまだボウヤなのですから。

活字にほとんど触れずに生きてきた私でも、これだけの量の文字を書くことができました。読書感想文も生活作文も苦手で全然書けなくて、大学受験の小論文もまるで白旗のようにほぼ白紙で提出しました。この事実だけで励みになる人もいるんじゃないでしょうか。

読みやすそうなエピソードからどうぞ。ピンとこなかったら読み飛ばしてかまいません。私だったらそうします。

一節、一文、ワンフレーズ、どんな単位でもいいです、私の書いた文字があなたに届くといいなと思っています。

目次

Part1
ロール・プレイング眼鏡
（2020～21年）

第一回　終わらないモンスター狩り

２０２０年４月10日、オリジナルのリリースから20数年の時を経て『ファイナルファンタジーⅦ リメイク』（以下、『FFⅦ リメイク』）が発売されました。

何だか不思議な気持ちなんです。簡単には言葉で飾れないといいますか。もちろん嬉しいですよ！　嬉しいのですが、クラウド役をつとめさせて頂いた私は同時に別の感情も持っています。

手元にあるようで実際は遠くにある。

安っぽいフレーズですが、こんなのが当てはまるような気分です。

さて。行ったり来たりのまとまりのない文章ですが、どうぞ最後までお付き合いください。

クラウドとの出会いは突然で、それは２００２年に発売された『キングダム ハーツ』という作品でした。

頂いた台本をチェックしたところ私の知ってる〝あのクラウド〟っぽいのですが、会話の相手がハデスやソラなど、『FF』の住人ではない模様。耳馴染みの無いタイトルだしディズニーオリジナルのキャラクターかな、なんて明後日の方向へ考えが飛んでいっちゃってました。

そこのあなた、スタッフさんに聞けばいいじゃんって思ったでしょう。当時の声優業界の人たちはまだ昔気質で、ぺーぺーが仕事内容を細かく聞くなんておこがましかったのです。そんな理由でもう一つ確証が得られないまま現場へ向かい、「え⁉　このクラウドってあのクラウド？」と40点くらいのリアクションを披露した後、自分が激ヤバな事態にあることをやっと把握しました。

今思えば知るのが怖かったんでしょう。これってもしかして、イヤイヤそんなまさか、同名異キャラかもしれないじゃん、でもエアリスとかいるし……こんなキモい状態ですよ。ジタバタするより現場で介錯してもらった方が腹切れるってもんです。

上手に喜べないたちの私が記憶を飛ばしたほどの出来事。めちゃくちゃ嬉しかったんですが気持ちのピントが合わず、そのピンボケが未だに続いている状態です。その話はまた後で。

そして2005年には『FFⅦ』の2年後を描いた映像作品『FFⅦアドベントチルドレン』が発売される運びになりまして、ヴェネチア国際映画祭のレッドカーペット登場と相成ります。いやあ、どえらい経験だったと思います。深夜1時でしたけど。

聞いてください、1つ前の作品が機材トラブルで押したんですよ……ツイ・ハークめ。ジョン・ウー監督にご挨拶できたり、ハリソン・フォードが目と鼻の先にいたり、『ベニスに死す』に登場するホテルに泊まったりと、あれが人生のマックスと断言できちゃう出来事でした。夢のようとはまさにあの事。

大きく育ったガーランドのトラウマ

思えば、私はずっと夢を見ているような錯覚を抱えて生きています。

幼少の折、初めてのRPG体験で人生を狂わされ剣と魔法の世界に入り浸るようになったのですが、それは『ドラゴンクエスト』(以下、『ドラクエ』)と『FF』の仕業でした。田舎小学生の脳内は竜と幻想のカフェオレ状態に(「クーソーは、頭のコヤシです。」ってホントすごいキャッチコピー。糸井重里さんマジ天才)。

鳥山明さんのデザインは漫画的で躍動感があり、なんだったらペンギン村(鳥山明さんの作品『Dr. スランプ』の舞台)が登場しそうな雰囲気。一方、天野喜孝さんのデザインは妖艶で絵画的、そしてなんとなく死の予感がある。幼心に『ドラクエ』は「やる」、『FF』は「みる」という直感的な棲み分けをしていました。

皆が嫌がるレベル上げが好きで朝から晩までモンスター狩りしてることもザラにあり、先を急いで痛い目に遭う同級生を尻目に我が物顔で冒険してました。私は自分のことが苦手だったので、現実から離れた所に分身を置いて悦に入っていたのでしょう。虚構への逃避です。

ところが、その繰り返しがいびつな陰影を生み出しました。いつの頃からかRPGがクリアできなくなってしまったのです。

クリア＝現実への帰還。

終わらせるのが怖くてラスト手前で遊ぶのをやめちゃったり、逆に簡単にクリアできるくらいに強くして何度もエンディングを見たりと、まさにアンビバレントな状態でした。

おそらく『FFI』のガーランドというキャラクターが小さなトラウマとなり、それが時間をかけて大きく育っていったんだと思います。私の中で『FFI』は『ドラえもん のび太の魔界大冒険』や『うる星やつら2 ビューティフル・ドリーマー』と同じ袋に入っています。タイムパラドックス、タイムリープと言われる括りでして、アホ10代には電気ショックの如き体験でした。倒したハズの敵が生き延びて過去に行っていて未来を操ろうとしている……ってこの説明でわかりますかね。

……怖くないですか？

そこにアホなりに気付きまして、ガーランドに悲哀を感じてしまって、なんだったら釣られて軽く闇落ちしちゃって、トラウマ完成。「そんなしょーもない理由で」と言われそうですがバカにしたらダメですよ。こういう引っかき傷が後の自我形成に大きな影響を及ぼすのです。

すっかり闇落ちした私は頭の中で生きるようになりました。猥雑混沌とした1980年代はサブカルチャーの理想郷。砂糖で煮染めたような糖度の高い脳ミソと成り果てます。中学、高校と歳を重ねるにつれ趣味嗜好が固定化し、更に〝私の世界〟へのめり込むようになるのですが、19歳で一つの転機が訪れます。

上京です。声優志望の私は愛知を出て大都会東京へ。

人の多い場所って街が生き物のように見えませんか？　人が血で、線路や道路は血管で、ビルは細胞で。ちょっとサブいですがこんなことを考えてた覚えがあります。

自由は脳ミソの働きを加速させますね。東京で得た自分もありますが、ベースは田舎育ちのサブカルクソ野郎。何でも直ぐに手に入る東京はまさに天国。加えて、好きなものが仕事に直結する僥倖《ぎょうこう》。それはもう水を得た魚気分。

そんな東京に浮かされた1997年に『FFⅦ』が登場します。これまでの6作とは違うアプローチにどハマりし夢中に。ゴールドソーサーが大好きで年パス持ってるのってくらい通い詰めました。……こんな展開が待っているとも知らずに。

中でもやっぱりエアリスは衝撃でした。『FFⅦ リメイク』が出たばかりでなんですけど本当にびっくりしたんです。その先を知りたくて粛々と進めました。抽象的ですが、クラウドの目線に合わせるようにストーリーを追っていったような記憶があります。彼が何を考え感じてどんな答えにたどり着くのか、それを見たかった。

でも結局、それは彼の答えで私の答えではありませんでした。そして、それが気持ちを軽くしてくれました。

「そんな大げさな」と言われそうですがナメたらいけませんよ。毒と薬は似ています。

これは何度も何度もエンディングを見ました。壮観で誇らしげで、何よりカッコよくて。私自身カタルシスを覚えたのかもしれません。心残りはナイツ・オブ・ラウンドを手に入れずに終えたところです。完治は無理ってことですかね。

こんな経験を経てのクラウド就任です。

クラウドを語るための言葉を探す冒険

何だかよくわからない興奮状態でした。不安やプレッシャーもありましたが、そういう恐れよりもキラキラした喜びを感じていました。その後、数々の関連作品に出演し、歴史を垣間見、それと同時に自分の中にクラウドが形作られていると思っていました。

ところが、そうではなかったんです。それが言語化できず長年悩んでいたんですが、だんだんと整理できてきました。

えっとですね、スイッチがどこかしらにあってそれを押せばいつでもクラウドになれる、というわけではないのです。ディレクター・野村哲也さんと音響監督・清水洋史さんがいないと彼は降りてきません。パスワードや手続きがないとアクセスできないような、それこそcloud上にあるような感覚と言えばわかりやすいですかね。

私の中にいるのは1997年の、コントローラーで作り上げたあのクラウドであって、台本で作られたクラウドではないのです。

スタジオでの収録は油絵を描いてるような感覚です。右手の台本が筆で正面のモニターがカンバス……ではなく、私は絵の具です。野村さんや清水さんのディレクションとジャッジがあってこそのクラウド。私は演出に沿う色を作り提示する。延々と塗り重ね、そして遂に『FFⅦ リメイク』が日の目を見る時がやってきたのです。

それは膨大な時間と情報の頂きにあって、まるで水晶のように光り輝き、作品の内側にいる私でさえ眩しく感じます。この瞬間を夢見て待っていました。待っていたのですが、まさかの落とし穴が……。

『ＦＦⅦ』絡みの取材で答えに迷いまくっています。「どう答えよう」「難しいな」「私が判断していいのだろうか」等々の逡巡でグルグルと目を回しています。自分の言葉や感覚がそのまま世の中のクラウド像になってしまうことに不安を感じているんだと思います。理解の外にあるクラウドが山ほどいますからね。インタビューの場にも野村さんと清水さんにいてほしいぐらいです。なので、一ファンだった頃のエピソードを導入として作品話を展開するようにしてました。じゃないと話せなくて……トホホ。

先に書いたようなエトセトラがあって、「未完成のⅦ」と「私のⅦ」が存在しているような状態にあります。即ち、「２０２０年のＦＦⅦ」と「１９９７年のＦＦⅦ」です。冒頭でピンボケという表現を使いましたが、こういう理由があってその言葉を選びました。シルエットくらいは自分の言葉で語れるようになりたいですね。絶賛チャレンジ中！　よろしくお付き合いください。

『ＦＦⅦ リメイク』は完成に向けて長い時間を歩んでいきます。その道のりが楽じゃないのはわかっています。でも、その先に私自身の答えが待っているはずです。冒険の旅はまだ始まったばかり。彼の雲はいつ晴れるのでしょう。

興味ありますね。

第二回　ループする乾き

どの業界もそうだと思いますが、一時の隆盛はブームという表現で語られがちです。声優の世界もまた、幾度かの流行で徐々に改変され、時代に合ったフォルムになりつつあります。「声優に挑戦」という見出しに違和感を覚えつつも納得してしまう。それだけその輪郭・線引きが曖昧で変容し続けていると言えましょう。

声優の成り立ちはそもそも俳優業であり、その一つに声の仕事がありました。声優なんてカテゴリーは存在せず、未だそう呼ばれることを良しとしない渋いスタンスの先輩もいます。その点、私はアニメーションやゲームに惹かれ声優を目指した口。何度目かのブームを目の当たりにした世代で、声優がランキング形式で紹介されるテレビ番組に衝撃を受けたりしてました。『はなきんデータランド』という金曜ゴールデンタイムの情報バラエティ番組だったんですけど、アニメや声優を人気度でランク付けする取り上げ方にときめいたもんです。当時は『鎧伝サムライトルーパー』とか『天空戦記シュラト』なんかが流行ってました。『ＡＫＩＲＡ』も同時期。『赤い光弾ジリオン』の企画ＣＤで「お洒落倶楽部」と

ある意味、ソーシャルディスタンス…
モグモグ
え!? イ、イカ!?

いうパロディ作品があり、それが猛烈に好きでした。関俊彦さんLOVE。

そんな綺麗にデコられたリサーチに胸躍らせ専門学校へ進んだ結果、ご想像通りフルボッコにされました。自己解放、エチュード、アドリブ、ダンス等、「え？　こんなことやらなきゃいけないの？」のオンパレード。しかも人前で。取り分け、1分間のフリートーク、架空ラジオのパーソナリティーの2つは吐きそうでした。ブラウン管が友達のアニメ声優志望に自己PRをさせるなんて鬼の所業。みんな口に出さないだけでクラスのほとんどが、「思ってたのと違う」と思ってたはずです（笑）。演技経験がない故に「声優＝役者」という当たり前に気付かなかった、ボンクラ田舎オタクの悲劇でした。が、今となっては経験がないことが良い方に働いたんじゃないかと。「ルールやセオリーを知らないから怖がらず取り組むことができた」とか言えちゃいますよ。声優を目指す皆さんはこういう蠱惑的《こわくてき》な発言に惑わされないように。


なんやかんやあって22～23歳頃には81プロデュースのジュニア（預かり所属のようなもの）になれましたが、その当時は声の仕事が結構レアでした。アニメなんてそうそうなくて、顔出しのエキストラのような仕事が多かったです。ただバスに乗ってるだけとか、横断歩道を渡るだけとか。映像リポートや研修ビデオへの出演なんてのもありました。教育番組のお兄さんのオーディションを受けたこともありますよ！　即落ちましたけど。

望んでたわけではなく、それが当たり前でした。諸先輩方はそういうフィールドで活動されてきたわけです。先達が刻んだ轍《わだち》を辿りつつ、時折訪れる「アニメチャンス」にアタックしてましたが、これがもうさっぱりダメ。「オンエアで恥をかけ」が常套句《じょうとうく》だった時代に身を以てそれを味わっちゃいました。記念すべき初アニメの衝撃ったらなかったです。ヘタクソで死ぬかと思いました。案の定チャンスは巡ってこなくなり、仕事もせいぜい月に1〜2本のゲームのテスト用音声収録のみ（制作段階で必要な音声素材には安価な若手が起用される）。しかし、幸運にもそのゲームの仕事で食い繋げて、25歳の時に1年間のレギュラー作品が2本決まり、盛大に端折りますが今に至ります。

学ぶなら実地が一番。アフレコの本番をどう経験するかが鍵とおぼろげながら答えを出した私は、それを実践しつつ、同時に人間観察に努めるようになりました。「教わるな、盗め」ってヤツです。

と、長い前置きからの本題。今回は、この20数年の間に体験した印象深い出来事、忘れられない言葉、目を疑うような光景、そんなのを書きます。古い記憶はレタッチしますのでそこんとこよろしく。

作品には残らない現場に漂う匂い……

「初めは誰かの代わりだから」。これはまさに金言でした。本当は決まった人がいたんだけどスケジュールNGでこっちに回ってきた……みたいな。そんなスタートを切った新人はたくさんいると。ギャラが安いからとか、声の印象が近いからとか、そんな理由です。繰り上げ当選っぽいけどそうじゃない。苦い内幕なんてザラにあって、先輩がそれを端的に教えてくれました。生き馬の目を抜く業界ですから、綺麗事ばかりではやっていけない。童貞的な考えから卒業した瞬間だったと思います。

若い時分は、動画現場の先輩たちは華やかで、ドライで、サバサバしているイメージがあって、外画現場の先輩たちは物静かで、シニカルで、とっつきにくさがありました（注①：個人の見解です／注②：動画＝アニメ、外画＝洋画）。プロ野球になぞらえて「動画はセ・リーグで、外画はパ・リーグだから」と仰ってたベテランさんがいたんですよ。「人気のセ・実力のパ」ってことですよね。アニメを漫画と呼んでいた人もいた時代、こういうニヒルさが渋く見えたもんです。

そんな外画の現場で衝撃的だったのが出番待ちのロビーでの出来事。100分超の作品になるとほぼ一日仕事。昼休憩以外は録音作業です。そんな収録の隙間に生じた、おそらく30～40歳差はある二人だけの奇妙な空間。当時まだ20代中頃だった私の前で、先生ルックのベテランさんが、どこからか取り出したイカの足をライターで炙って口に放り込んだんです。新人にはほとんどホラー。超怖かった。ずっと競馬中継みたいなの聴いてるし……。でも、その方のお芝居が素晴らしかったんです。職人芸でした。イカ臭かったけど。

動画だって負けてません。現場にショートパンツ＆ルーズソックスで現れたでぇベテラン男性にびっくりして私はすっかり取り乱したのですが、嘘のように誰も言及しない。見慣れてきた2時間後くらいに、「なんで今日ルーズソックスなんですか？」と本人に問うた、独特のタイミングを持つ別の先輩が現れてまたびっくり。「あったかいから！」ってアンサーにまたびっくり。己の常識は通用しないと悟った瞬間です。別メニューで、テニスルックで現場に現れたベテランさんが「このあとテニスなんだよ」とのたまった、なんてのもあります。

別作品での一幕。ディレクターと主役の意思疎通が上手くいかずピリついた空気になった時のこと。ままあるっちゃあるんですが若い衆には地獄の時間。怖いラリーが暫く続き、何とか形になり、その場は収まりました。重要なのはここから。収まるや否や、その場にいたベテランさんが主役の子に、「おい、今のはだめだぞ。ああいう時はな、『はい』って言って、やらなきゃいいんだ」と、ダイナミックなアドバイスを送ったんです。悪ガキですよね。笑っちゃいましたけど。言っていい人を選ぶ発言ですが、こういう知恵は生きてく上でのヒントになります。役者の図太さを学んだ言葉です。

中尾隆聖さんというブラックボックス

これも動画の現場ですが、「こないだ銀河と話したんだけどさぁ」と語り出した超ベテランさんがいました。もちろん銀河万丈さんのことですが、銀河さんを「銀河」と呼べる人はそうそういません。呼び方一つにも歴史の重みを感じます。こういうさりげないやり取りの中にこそ、拾うべきものがあるように思いませんか？　少しずつ集めていった言葉が糧になってます。

昨今では声優の各所進出が進んでいて、それはとても素晴らしいことです。そもそも表に出る職業なわけですから。ただ、私自身は声の仕事があればそれで十分だと思ってます。アフレコが好きなんですよね。ある時、共演する機会の多い声優さんが会話の中で「この業界が持つコンプレックスがあって、僕はそれがとても大事だと思う」と言ったんです。これって真理ですよ。私にとっては深く納得できる言葉で、目から鱗でした。とはいえ、オイシイ仕事は受けたいですけど。デュフフ。

最後に中尾隆聖さんのことを。私の恩師であり一番影響を受けた方です。どれだけ多くの人たちが、ばいきんまんとフリーザに善悪を学んだことか。

養成所時代、中尾さんのレッスンは緊張の場で、正直怖かったけど、プロの凄さを実感できる貴重な時間でした。天と地ほどの差があるとはこのことなんだって痛感しましたね。プチ絶望ですよ、マジで。大迫より半端ないです。

2年目の夏休み中に養成所で舞台公演がありました。オムニバスの翻訳劇で、私の出る演目は中尾さんが演出。その、とあるワンシーンが忘れられずにいます。なぜかというと、理解できなかったからです。自分が作ってきた役の心情がどうにもしっくりこなくて、指導を受けても「?」で。でも、中尾さんが実演すると、これがめちゃくちゃいいんですよ。物真似してもうまくいかず、結局なんとなくでやってしまいました。

あれからおよそ20年、私は自分が養成所に入った頃の中尾さんの年齢になりました。ですが、まだ答えにたどり着いてません。

5月某日、夜。
チャッカマンで炙ったイカを食べながら。

第三回　台本とエロ本

去る2020年6月13日、私、櫻井孝宏は46歳になりました。子供の頃、『オーメン』と『13日の金曜日』のお陰で「6も13も不吉な数字」と不当な扱いを受けましたが、ネットで同い年を調べたらもっと怖かったです。草彅剛、有吉弘行、レイザーラモンRG、ミルコ・クロコップ、レオナルド・ディカプリオ……。この人たちとタメなんてびっくり。同じクラスとか絶対イヤだなぁ。

指導者になってる年代ですよね。私はその辺興味ありませんが、生涯現役的なマッチョな思想も持ち合わせておりません。何故なら来年には学校で先生やってるかもしれないし、演技の求道者になってるかもしれないから。可能性低いけど0ではない。

私のビジネススタンスは言わば「フラット」で、必要とあらばジャンル問わずトライしてます。ただ、なんでもやるわけじゃない。40歳を迎えてじっくりやっていきたいと思うようにな

り、多様化が進む仕事の取捨選択が今後の課題っぽくなってきました。それは数を絞りたいとか顔を出したくないとか、そういう閉じるような考えではなく、流行りに左右されず自分を〝イイ感じ〟にシフトさせたいという助平心からくるものです。自分くらいの年齢になると1〜2年やそこらではさして変わらないから、10年くらいかけて余裕ある50代を迎える準備をしようって算段です（ところがたった1作品で立場が変わったりするから怖い。宝くじっぽい）。

頑張るところを間違えたくないんですよ。好きな服と似合う服って違うじゃないですか。今ってそれを間違えやすい世の中じゃないかなって。人が何着ようがかまやしませんが、私はダボっとした格好でストレスなく働きたい気分。サボれるところはサボりたい。そう考えると、このエッセイはちょっと背伸びしてるかも。

スターを横目に根城で奮闘

私は声優を目指したタイミングがよかった手合いだと思ってます。1990年代のごちゃごちゃの中だからこそ生き残れた。仮に今声優を目指したとしてもダメでしょうね。自分の性質では時代のノリに対応できなかったでしょう。

ネット社会になって声優にもトレンドセッターが生まれ、そういうキャッチーな才能を核に仕事の幅が広がっていく。それがトレンドの世の中だが、おじさんは自分流をあまり崩したくない。集団芸も苦手。取り柄も見当たらない。出城がない分根城で頑張るしかない。

だからって今を否定するつもりはないですよ。情報くらいは持ってるし、それを眺めるのは結構楽しくて好きだから。木村昴くんや花江夏樹くんのようなスターの登場はそうそう拝めるもんじゃありません。

ある程度のデータと見る目を持ってるから「自分にはできないこと」がはっきりわかるし、「やりたくないこと」と「やらない方がいいこと」もわかる。

私はデビューして暫くは仕事がストレスでした。とにかく現場がおっかなくて。イメージしてた雰囲気と違い、容赦ない言葉が飛び交う生々しさに面食らいました。あんなに夢見たアニメのアフレコなのにお通夜みたいなツラしてましたよ。「早く終わらないかな」と過ごすこともありましたね。お金をもらうのだから厳しいのは当たり前のことで、でもその当たり前を実感できたのは仕事がなくなってからでした。プロとして報酬を得る、要は働くって意味を半人前ながら知ったわけです。

最近は人も現場もキラキラしてて華やか。みんないい声だし上手いし頭もいい。芝居一本で天下を取るみたいな発想は絶滅気味で、その代わりにキャッチーな武器をたくさん持つ人材がボコボコ現れてます。プラスαの才能や特技が大きなビジネスに直結する道ができ始めてますね。声優はネットコンテンツとの親和性が高いようです。やりたいことをやれる、つまり声優になることがゴールではない時代が少し前から到来しております。

自分は年齢なりの知恵と経験はあるけど知識や教養はなく、仕事に繫がるアビリティーも皆無。特に言いたいこともないので私個人がフィーチャーされるのは極力避けたい……が、そうもいかない。昔と違って声優の宣伝稼働がモリモリ増えてます。で、取材を受ける際に顕著なんですが、作品や役が担当声優を大きく見せちゃう効果が発動すると大変なんです。実は、どう答えていいのかわからなくて冷や汗たらたらなんてザラでして……。「オンエアを見てください」で済ませられたらどんなに楽か（笑）。誤解しないでほしいのですが、役を理解できないままやることもあります。それは作品の内容ではなく、そのキャラクターの価値観や発想ですね。ズルい例ですが、シリアルキラーの心理を100パー理解はできないってことです。でも、だからこの仕事は面白い。演技という名の表現で別の何かになることができる。台本さえあれば、高校生だろうが異星人だろうが魔法使いだろうがソルジャーだろうが犬だろうがクズだろうが、あらゆる垣根を越えて何にでもなれる。この方法でずっとやってきました。兎にも角にも台本が全て。間違いなく人生で一番読んだ本のジャンルは台本です。2位はマンガかエロ本です。

ひっくり返して言えば、台本がないと私はからっきしです。「何かやりたいことやチャレンジしたいことはありますか?」とインタビューされる機会が度々あるのですが、パッと思い付きません。洋服の整理とか午前中から酒を飲むとか、そんな使えないコメントしか出てこないのです。

行けるところまでイイ感じのルーズさで

「暇な時にレコードの外袋を新しいものに替えている」と、仕事の合間にマネージャーに話したところ驚かれました。知らない人には謎の作業ですよね（※）。綺麗になっていく様にうっとりしながらお気に入りのナンバーを聴く、これサイコー。レコード聴きながらエッセイ書いてる46歳ってめっちゃオシャレじゃないですか？……とか言っちゃいましたけど、あんなもんオシャレでも何でもありません。重いわ場所取るわ金かかるわ。それでしか聴けなかったから買ってるのに、最近は簡単にレアな音源が手に入っちゃう。いいことだけど複雑な心境。

新しいものより古いものが好きで、レコードやヴィンテージの家具・小物の収集は20年くらい続いてます。骨董じゃなくて中古。自分で価値を決められる感覚が楽しい。他人が見たら「なんだこれ?」、でも私にしたら特別な何か。理解も共感もされにくい感覚は、結果的にオシャレとかマニアックとかで括られちゃうのですが、まぁそれはそれでいいかなって。自分にぴったりの孤独。

子供の頃から人に合わせるのが苦手でした。原因はわかりません。そこに疑問もストレスもなかったからスルーを貫いてました。特に直ってないけど別段困らないし、前述の通り無理したくないからそのまま行けるところまで行こうと思ってます。

人と同じである必要ってないですよ。同じだから得られる安心もあるけど、それって不安の種になりません？　特に今は。私は〝みんな〟じゃなくていい。

月並みだけど、人は人、自分は自分。良いも悪いもない。正解は少ないけど答えはいっぱいある。どの答えで生きていくかはその人次第。「イイ感じの違う答えが見つかったら乗り換えればいい」くらいのルーズさが必要だと思うのです。

「和して同ぜず」が今後の生きる指針ですが、どうやらこれまでもずっとそうだったようです。ラジオとこのエッセイがあればアウトプットは十分だなと、四六時中物思いに耽っていた、46歳になりたての私なのでした。

※書いた通りですが一応説明を。レコードを保護する専用のビニール袋がありまして、ジャケット用の外袋、レコード盤用の内袋があります。外袋は出し入れする際の摩擦で擦れやよれが発生しやすいんです。よく聴く盤ほどビニールが傷むので定期的に交換するわけです。

第四回　ウイスキーと森とソーダ

お断り。

今回のエッセイは、とあるゲームについて綴っております。好き過ぎるあまりややバランスを欠いてますが、寛大な心でお付き合いいただければ幸いです。

アホほどハマってると方々で口を滑らせてますが、マジで自分でも引くぐらい大ハマりしてます。今のところ飽きる様子はなく、飽きる要素も見当たらない。なんだったら「このゲームって本当にゲームなのかしら?」と哲学めきだす始末。クリアするのが苦手な私には終わりのない彼《か》の世界が好ましく望ましく、且つ、プレイすることで頭の中が整理整頓されるような快感を味わえてしまうスーパーミラクルワンダフルなのです。快感とか言っちゃってる時点でイっちゃってますが、案の定、生活の大半が森頼みになりつつある今日この頃です。神様仏様、他に楽しみが見つかりませぬ（２０２０年７月現在）。

このゲーム、実にのんびりした世界観なのですが、そんなスローライフに刺激を求めるなんてなんだかいびつで退廃的。朝起きるや否やゲーム機のスリープモードを解除し、寝ぼけたヒゲ中年が生きる意欲に溢れた分身を操作する。そう、私とNintendo Switch Liteは同じタイミングで通電するのです（但し、高確率で私が二度寝します）。ポストの確認、化石とメッセージボトルの回収、ランダムに現れるゲストキャラのチェック、花の管理などなど、現実より忙しい朝が待ってるから仕方ない。

無人島に移住しそこで暮らすのがこのゲームの目的であり全てで、どうぶつたちと戯れるもよし、島をクリエイトするもよし、オンラインで繋がるもよし、遊び方はその人次第。現実の時間とリンクしておりまして、時の移ろいは元より、上手に味付けされた季節感を味わえるのもこのゲームの醍醐味の一つ。雪、霧、雷などの気象変化も日替わりで発生し、画面内の梅雨空に鬱々としてたら現実は晴れてたなんて倒錯した状態に陥ることも……私だけかもしれませんが。光や水や風といった自然の表現がとにかくファンタスティックで、トタンに落ちる雨音まで再現する真面目な仕事ぶりに脱帽。なのに樹木はビニールっぽくて果物はオーナメントのようだったりする。こういう遊びというか抜け感を作り出すデザインが超秀逸です。ちなみに、すっかり回し者状態の私はYouTubeを肴に薄めのハイボールを呷りながらプレイしてます。森のゲーム実況を見ながら森をやる、もう樹海です。そりゃ戻って来られないわ。戻るには更地にするしかない。

お菓子やおもちゃのようにデフォルメされたどうぶつたちに対して、虫や魚の造形が妙に生々しいのも面白い。ここポイントなんですが、その生々しさって転じて怖さの表現だと思うんですよ。不穏な要素がパターン化するプレイが緊張感を生み出し、プレイヤー自らが妄想するきっかけを作る。夜とか海って怖いスイッチが入ると恐怖の対象になるじゃないですか。見えたとか聞こえたみたいなヤツです。そのスイッチをシュールなルールと物体の生々しさで押そうとしてくるのが本作。例えば、襲いかかってくるタランチュラやサソリ、リュウグウノツカイのホラーなフォルム、追いつけない速さで水中を移動するオオシャコガイ、車のタイヤが次々と釣れる離島などがそう。体験を重ねることでその人だけのストーリーが生まれるのです。趣味丸出しの書き方をしてますが、ちゃんと作品の枠内に収まっている演出なのでご安心を。プラス、キャラクターがコミカルなリアクションでオブラートに包むので、そこまでどぎつくなりません。こういう少しの毒気が加わることで意識が一段上がり没入感が増すのです。「生きている」と定義づけられるって感じですかね。

あつまってもあつまらなくても

私の解釈に偏りがあるので誤解を生みそうですが、実際はキラキラした夢いっぱいのゲームですよ。パッケージを見れば安心できますから。フィーリングでプレイできちゃう完璧な世界。失敗することが報酬になる構造でプレイの幅が確保されていて、恐れずトライアル・アンド・エラーができる。説明せずに説明するのが異様にうまいゲームなのです。

思うんですけど、こういうのってどこまで付き合うかですよね。楽しんだもん勝ち。飽きて終わるのではなく当たり前になって消えるまでやりたい。たかがゲームされどゲームですよ。私などはプレイしながらリアルとリアリティの線引きってどの辺にあるんだろうとか考えちゃってます。用意してくれたもののみでジャッジしてしまうのは早計で、そこに解釈を乗っけて煮詰めることで新しいアイデアが生まれるんじゃないかなって。どこにでも学びは見つけられるものですね。

閑話休題。ゲーム上の命の在り処をブラックな茶目っ気で示している本作。ゲーム内に準備された仕掛けにはある種の中毒性があり、それを求めプレイを繰り返すうちに自分の中に日常と非日常の中間地点のようなスペースが出来あがっていく。イメージですが仮想空間のような場所。そこでの日課やルーティンが形成され、現実の暮らしにじわじわ浸透し、知らず知らず生活に組み込まれていく。ゲームをやることが日常になるのではなく、ゲーム内のルーティンをこなすことが日常になるって感じですかね。私のように他のプレイヤーとのつながりを求めていない人種にも優しい愛情設計。あつまることを推奨してますが、あつまらなくても生きていけます。これもある種のVRなんだよなぁ。ゴーグルつけるのだけがVRじゃないと思うんですよね。だって「リアリティ」ですもんね。

この魅力的で堅牢な土台が創造という名のクリエイト面を支えてます。

ある程度プレイすると島そのものに手を加えることができるようになります。マイホームにお気に入りの家具を並べるだけでなく、建物の移設から地面を削り河川を巡らすに至るまで、島全域のリメイクが可能となるのです。まるで神の如き所業っぽいですが、その実やることは地道な土木工事。ヘルメットを被った分身に1マスずつ掘ったり埋めたりさせる根気のいる作業。しかしその1マスが後の島開発の命運を握っていたりするから堪らない。小さな綻びから何十時間もかけて作った場所が気に入らなくなって一から作り直したりするんですよ。ぶっ壊してやり直す。面倒臭いしかしんどいんだけどやっちゃうんですよね。部屋作りの楽しさとはベクトルが違い、ある種のドラッグ感があって、うまくいった時の喜びはまさに悪魔的（個人の見解です）。私はループ気味なので抜け出したいのですが……。『ポピュラス』や『シムシティ』の系譜でしょうか。『Minecraft』や『ドラゴンクエストビルダーズ』に近いですね。うちの近所の道路工事もシャベル一つでできるようになればいいのに。そしたら喜んで手伝うし、どさくさに紛れて近所に星が見える高台と美人姉妹の経営する服屋を作るのに……。いや本気ですよ、私。

どう作るかはその人のセンスとチョイス。リアルを追求する人もいれば奇をてらう人もいる。

美しい島、和風の島、憧れの島、何もない島、地獄みたいな島。テーマを決めて取り組むも良し、成り行きに身を任せるも良し。どう転がされても許容してしまうキャパシティがこのゲームには担保されております。さすがの製品体力。システム上のルールはあるが、それ以外は無限大。無邪気で無慈悲な前人未到のフロンティアが大口を開けて我らを待っているのです。回し者じゃないのに回し者でしかない節回し。もういっそ回し者になりたい。本気ですってば。……私こそがこのゲームにとっての不穏分子かもしれませんね。

モラトリアム中年の夜遊び

自己分析ですが、私にとっては所謂箱庭ゲームであり、同時に箱庭療法のような治癒やリラックスの効果があるようです（モラトリアムな場所という見方もできます）。画面に映るマイアイランドは内面の投影で、プレイヤーの今の気分・趣味嗜好をはじめ、思考のクセや行動パターン、更には人間性やペルソナに至るまで映し出されているように思います（奇抜な島を作る人ほど朗らかな印象／YouTubeにて、私調べ）。

私は「自分が住みたい島」を作ってません。かといってアミューズメントパークのようにするつもりはなく、暮らすための島作りに徹してます。〝便利＝快適〟ではないの精神で粛々と開発を進めてるのですが、ちょいちょい顔を出す「細部への異常なこだわり」が開発を邪魔します。夢中になるあまり、気付けば空が白み始めているみたいなことがしょっちゅうあって我ながら度しがたく思っております。でも、こんな自分は久しぶりで、子どもっぽいけど本当に楽しいです。

　思いの丈を綴っていたら気持ち悪い内容になってしまいました。でもスッキリしました。雑誌に載ることを意識して言葉を捏ねてるところもありますが大方こんな感じですね。

　読み返して思ったんですけど、なんだかゲームを通じて自分を研究しているみたいです。塗り絵を楽しんでるような、はたまた難しい計算式を解いてるような。同じものを見て違う反応をする何人かの自分が空想の島に同居してるってとこでしょうか。ユートピアだといいなぁ。

　このゲームはクリエイションの先にイノベーションがあって、その先にまたクリエイションがあって、その先にまたイノベーションがあってと、人によっては「遊ぶ」という意味をずらす遊び方ができる作品だと思っています。創造して終わりではなく、そこに疑問を持ち、壊し、新たな可能性を呼び込む。

　画面上で完結しなくなってそこそこ経ちますが、まだまだこんなもんじゃないでしょう。私たちの挑戦は続くのです。ゲームの可能性と自分の可能性のどちらが先に枯れるか、楽しみで仕方ありません。

　寝ても覚めても「森」の私が冷めて眠る日が来るまで、取り敢えずはこのまま天に任せておこうと思います。オーマイゴッシュ！

　さぁ、今日もあつまりましょう。

第五回　藤原啓治さん

今回は自分の為に書いております。

やや感傷的な内容ですが、よろしければお付き合いくださ い。

２０２０年4月12日に藤原啓治さんが亡くなりました。『クレヨンしんちゃん』の野原ひろしや『アイアンマン』のトニー・スタークでお馴染みの声優さんです。生前親交があり、閉鎖的で視野の狭い自分に様々な教えと刺激をくれました。藤原さんのお陰で私の人生は広がりを持つことができたと言えます。「きっかけは藤原啓治」がたくさんあります。

出会いは私の初レギュラー作品である『快感♥フレーズ』。サングラスに無精髭、清涼感あるラフな出で立ちで現場に登場した藤原さんは正に伊達男というイメージで、その迫力ある風貌に25、26歳の櫻井ボウヤはちょっとビビってました。実際は想像と違い淡々と穏やかで、キャリアを問わず分け隔てなく接してくれるとてもフェアな人でした。ペーペーの私には雲の上の存在だったのですが、飲みの席で打ち解けて仲良くしてもらえるようになり（富ヶ谷のビーチバーっぽい居酒屋で、夜なのにグラサンの藤原さんがカッコよくてビールが進みました）、ぐっと距離が縮

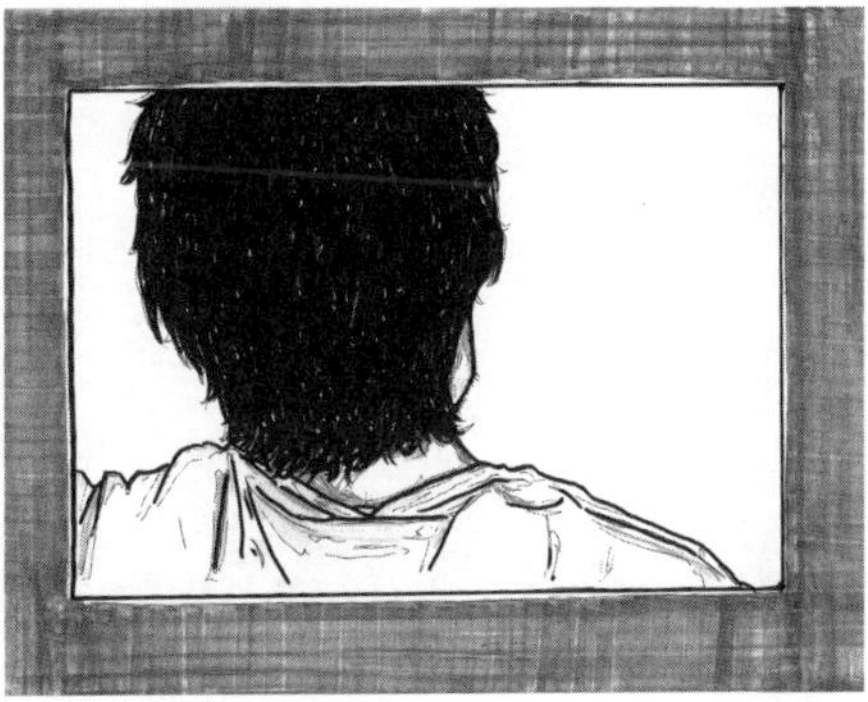

まったのは『快感♥フレーズ』と同時期の『ゾイド－ZOIDS－』という作品の打ち上げ旅行で箱根へ行った時です。藤原さんが腕に禁煙パッチを貼ってタバコを吸っていたので驚いて突っ込んだら、「え？　あ、いや、その……」とやや可愛いリアクションが返ってきまして（笑）。目線を合わせたコメントとリアクションをくれる懐の深さに感激し、プライベート込みで藤原さんにハマっていきました。

私の考える際の基準点には藤原さんがいます。「みんな仲良くが一番いい」と、ある時藤原さんは言いました。わざわざ口にする必要もないシンプルで当たり前のことであるが故に私には強く響き、今以て生きていく上での大切な指針となっている言葉ですが、これがいかに困難な取り組みであるか身を以て知っている最中であります。誰が言ったかが重要なのですよ。例え親の教えであっても刺さらないものは刺さらない。狭い世界のルールを知り、その空気に左右されず生きている人の声だからこそ頭と心に響いたのです。一家言あるってヤツですね。

忘れもしない藤原啓治プレゼンツの櫻井孝宏評がありまして（30代前半くらいの宴席でのことと記憶。確か青山の薄暗い洒落た店で、いつメンの悪い感じの飲み会でした）。藤原さん曰く、「オレは『快感♥フレーズ』のサン太（永井良彦）が好きなんだよね。それから一度も櫻井をいいと思ったことないんだよ」とのこと。なんかもう痛快でゲラゲラ笑っちゃいました。新人の初物感が印象に残ったんでしょう。藤原さんの「好き」という言葉にその気配を感じます。「うまい」と思ったわけではないのです。ふいに登板したルーキーピッチャーって敵方に実戦データが揃ってないから勝っちゃったりするんですよ。つまり、緊張から来る興奮と不器用な若さが実力とは別の結果を弾き出したわけです。藤原さんの言葉はとても厳しいものですが、私的には超納得でした。まるで憑き物が落ちたような晴れやかな気分になりました。ちょうど自分に色が付き始めた頃だったんですよね。作られたイメージや役のディテールに振り回され、人知れずイライラとストレスを溜め込んでいた時期です。ただの自爆ですが、とにかく何もかもが面倒くさくてしょうがなかった。同じようなタイミングで人前に姿を晒す仕事も増え始めて、すっごい嫌だったんですけど「こういうものだ」と呑みこんで黙々とこなしてました（幸運にも私はラジオの仕事がデビュー前から今日までずっと続いていて、ここで出会う人たちにも鍛えられ、自分のスタンスとスタイルを導き出していきました）。不満を消化できず悶々とする私を藤原さんは「しゃらくせぇ」と言わんばかりに一刀の下に斬り伏せました。藤原さんはそんな風に思ってなかったでしょうけど、これは藤原流の「愛情表現」であると身勝手にも私は解釈し、勝手に救われて、勝手に恩義を感じていました。『アイアンマン』のトニー・スタークを地で行く藤原さんはまるで映画俳優のようで、丸めた台本をケツポケットに差し込んで登場し、息を呑む芝居でバシッと決めてスッと去って行くという男前っぷり。百戦錬磨の傭兵のような、或いは孤高のヒットマンのようなその完璧な姿がカッコ良くて、プロとは斯くあるべしと心の底から思いました。

仕事のできる人って、物事を多面的に捉えることができて、更に己のこともちゃんと把握できている人だと思うんです。今必要なものは何か、自分は何をすればいいのか、そこに対してどれだけ応えることができるのか等々、他人の熱量に左右されないクールな目線が必要じゃないかなと。それでやっとスタートラインに立てる。そういった仕事のやり方も藤原さんに習いました。

形のない「声」で結実させなければならない我々は、機械のような正確さを求められることがあり、そこで躓くと地獄を見ます。人は期待に応えようとして目測を誤ることがあります。それが人情ってもんですが、場合によっては不必要な情緒。自分を良く見せようとか、オーダーそのままを具現化しようとするのは危険な行為になりかねません。この手の失敗は誰しも経験があるんじゃないでしょうか。声優の仕事も完成までの行程は毎度違います。たくさんのプロの力で商品となって皆さんの手元に届いているからバレていないだけで、本人的には力を発揮できず不完全燃焼に終わることもあるとかないとか。誤解されちゃうかな……ってか、同業者に怒られそうな言い回しかしら。私は、できるまでやるのがプロではないと思うのです。体調を含め、出来不出来が日替わりだったりするのですよ。だって、人間だもの……。でもそれを自分がわかっていれば、そういったムラやブレを最小限にすることができる（操縦するような感覚です）。その手筈が整ってないとなかなか大変で、仕事を続けること自体がリスクとなり得る。それを避けるためにも己の資質を知ることが肝要なのです。表面的なやりとりで足下を掬われないよう現在地と目的地を割り出し、現場で交錯する狙い・要求を見極めてパフォーマンスし、結果それが１００パーセントを超えるクオリティで還元されるのが最良だと私は考えます。ＯＫが出るまでの駆け引きのようなプロセスを含めて「納得」を得るのが、プロの仕事の最適解ではないでしょうか。

藤原さんの考えに触れた私の現在位置が大体この辺りです。指図を受けてこういう思想に行き着いたのではなく、自分を実験体にして手にした研究の成果です。

私は藤原さんの率直でブラックな切り口が好きでした。ブラックといっても陰口・悪口みたいな下品なものではありません。ドライ＆シニカルな物言いの裏にある鋭い洞察。シンプルに本質を捉え、それを巧みに言葉へと変えるセンス。演技・表現力はもちろんのこと、対人に於ける間合いと抜群のバランス感覚。枚挙に暇がないくらい人間として魅力に溢れていました。そこに気付いた自分を評価したいのですが、同時に「こうはなれない」とわかってしまうのでショックも味わいます。こういうビターな経験が個人を確立させていくんじゃないかなぁ。

スキューバダイビングを教えてくれたのも藤原さんでした。飲みの席で藤原さんが披露してくれた話に惹かれ、5～6人の仲間で一斉にライセンスを取得しました。伊豆でやった海洋実習にもわざわざ帯同してくれたんですよ。海中での落ち着き払った姿はまるで半魚人。例えはアレですが、この人が動じるとか心乱すことはそうそうないんだろうと、その姿を眺めながら思いました。一緒にサイパンへ行ったり、フィジーへ行ったり、パラオへ行ったりと、一時期の年末年始は藤原さんと過ごすのが当たり前でした。泳げない私がウキウキと南国へ繰り出すなんて夢にも思わなかったです。酔っ払ってビーチをダッシュして転んで砂だらけ、みたいな絵に描いたような楽園を体験できたのも藤原さんのお陰です。実は私の初海外旅行が家族総出featuringチーム藤原のサイパンで、その時のことを藤原さんはずっと覚えてくれていました。ウチの父親がディナーをおごった夜のことを、「あの時、櫻井のオヤジさんが全部払ってくれたの、カッコよかったよな」って懐かしそうに話してくれて……。つい昨日のことのように思い出されます。

訃報があって暫く、藤原さんを「シャイ」と形容するコメントを目にしました。このイメージが私にはなく、意外というか少し不満を覚えました。私の知る限りでは、藤原さんは馴れ合わないだけで内気な人ではありませんでした。必要とあらば大上段に構えることも厭わない、本当に強い人でした。

もう十分お分かりでしょうが、私は藤原さんの薫陶を受け、あんな風になりたいと後ろ姿を追いかけていました。できるなら、ずっと追いかけていたかったです。

ここ最近で嬉しかったのは「ヒゲの櫻井、悪くないな」と言ってくれたこと。「歳取って似合うようになったんじゃないか」って。……めちゃくちゃ嬉しかったなぁ。

ほんの少しですが、私目線の藤原啓治さんについて綴らせていただきました。

藤原さんの名前だらけです。感傷的どころか官能的な文章になってしまってすみません。過去形を使うのがしんどくて辛いです。受け入れられていないからなのでしょうか。

最後に。いつも飲みに行くメンバーの一人が「藤原さんは自分にとっての太陽だった」と言っていました。本当にその通りです。

藤原さんがこれを読んだら「面白くないけど嫌いじゃないな」って言いそう……。思い浮かべると声がします。皆さんにも聞こえませんか？

ただただ会いたいです。

第六回　最初からはわからん

私の趣味にレコード収集があります。ジャンルを絞って集めていたのですが、いつの間にかなんでも買っちゃうようになり、気付いたらただのレコード好きになってました。恐らく5000枚くらいは持ってると思います。上には上がいる世界だから大した数ではないと言いたいけれど、1枚も持ってない人にすれば異様な数字なわけで……。思い付いちゃったので、「元を取ろう」気分で文字にしてみることにしました。狭い話ですがお付き合いください。

仕事の空き時間にレコード屋へ行ってはサクサクし（箱の中のレコードを探る仕草を指す言葉。掘り起こしているような様子から「ディグる」というDJ界隈の表現もある）、次の現場にレコード袋をぶら下げていく生活を20年くらい続けてます。自分のラジオでもレコード話をするんですが、まずリアクションはありません。そりゃそうだと思った読者さんが大半を占めることでしょう。CDでさえ斜陽の時代に誰があんなデカい円盤を買うのかとか、そもそもどうやって聴くのかとか、話題に上げる度にそんな湿った視線を感じてます。私もそうでしたからよくわかります。

保育園の頃に買ってもらった雑誌付録のソノシートが初アナログ体験でした（薄いペラペラのレコード。内容は誌面と連動した教材っぽい解説）。父がジャズを聴く人で、家に家具調の立派なプレイヤーがあったのですが当然使わせてもらえず、赤いボディに黒ドットのお子様向けてんとう虫型プレイヤーを買い与えられ、それで聴いてました。小学生～中学生の頃にカセットテープからCDへ移り変わり、レコードはすっかり化石状態。世の中はコンパクトの時代に突入して何でもかんでも小型にする流れに。CDがコンパクトディスクの略って若い人は知らないんじゃないでしょうか。

中学くらいでザ・ブルーハーツ（※1）や筋肉少女帯（※2）なんかに目覚め、アニメ一点張りだった私のオタクライブラリーに変化が訪れます。どうやらバンドサウンドをカッコいいと思ったらしく手当たり次第聴きまくり、アニメ&ゲームソングとオルタナティブなバンドサウンドでカセットを編集してニタニタしてました。その当時は流行りに鈍感なイモ学生をも巻き込む一大バンドブームだったのです。「イカ天」（※3）の煽りを受けたし、マニアックな同級生の影響も受けました。たま（※4）とか衝撃的だったもんなぁ。タイマー予約した『ドラゴンクエスト』のOPを目覚ましに朝を迎え、隠し持ったウォークマンで授業中にカステラ（※5）を聴き、深夜に勉強するフリしてミュージシャンのラジオを聴く。ある種この時代っぽい仕上がりに見えつつ、高校の頃に高橋由美子がプレイリストに加わったり、クラスメイトに誘われてさだまさしのコンサートへ行ったりと独自の味付けも行われます。専門学校時代は邦楽のミリオンヒットがバンバン出て、J-POPが超盛り上がってた時期。WANDSやZARDやT-BOLANなんかを仲間たちとの夜のドライブで大合唱するのが恒例行事となり、音楽で青春を感じちゃうような嘘っぽくてエモい日々を送ってました。名古屋の埠頭とか行っちゃうんですよ、真夜中に。不自然に軋む車を眺めてニヤつく声優志望たち。霊が出るという噂のトンネルへ遠征したりするんですよ、真夜中に。霊じゃなくUFOらしきものを見て大興奮の声優志望たち。それら数々の思い出を支えているのが道中で聴いた数々のナンバー。「僕らの場所」って感じでした。流行歌って時代の額縁になりますね。

邦楽オンリーの私でしたが転機が訪れます。上京して勤めたバイト先が中古CDやゲームを販売するショップで、そこの社員さんがUKロック好きでした。基本、店内BGMは洋楽で、チョイスもなんか妙にオシャレな感じ。未知のサウンドと熱いウンチクをエブリデイ聞かされ続けた私は、最初は「英語だからさっぱりわからん」みたいなテンション低空飛行だったのに、「……いいかもしれない？」みたいなトキメキを覚えるように。知らず知らずの内に開発されちゃったのです、ウフ。私の好みを理解した社員さんがアレコレとCDを貸してくれて、1日1アルバムくらいのペースでインプットしていきました。「アズテック・カメラ」「オレンジ・ジュース」「スタイル・カウンシル」「モノクローム・セット」って書いてもわからないと思いますが、英国の80年代のバンドサウンドにハマって追いかけ始めた矢先、運命的な出会いを遂げることになります。私を冥府魔道のレコード沼へと引きずり込んだ「フリッパーズ・ギター」です。すでに解散していて、それぞれ「Cornelius」「小沢健二」として活動してましたが、私は戻らない時間を取り戻すかのようにフリッパーズ・ギターを聴きまくりました。ヒットした『恋とマシンガン』とCMソングだった『星の彼方へ』は聴いたことがあったのですが、他の曲を聴いて鼻血吹き出しそうなくらい興奮したのを覚えています。雑誌のバックナンバー、チラシ、ファンジン、CDの初回盤、ポスター、TV出演時の録画テープなどなど、彼らにまつわる物はなんでも買い漁り、その中にアナログレコードがあったのです。そう、私が初めて買ったレコードは聴くのが目的ではなく、好きなバンドのグッズだったからでした。プレミア化してアホほど高いのに無理して買ったから生活が傾きまして（笑）。収入が少なくてクレジットカードを作れず、バイト代と親からの仕送りを注ぎ込んでのビッグな買い物。レコード3枚でおよそ9万円……ドキドキしながら買いましたinディスクユニオン下北沢店。ちょいちょい踏み外しはしましたが、とにかく楽しくてしょうがなかった。無我夢中でした。Corneliusを聴いても小沢健二を聴いてもフリッパーズ・ギター、ギター始めようかと思うくらいフリッパーズ・ギター、寝ても覚めてもフリッパーズ・ギター。英語翻訳のような抽象的で甘苦い歌詞、カラフルな楽曲、リードヴォーカル小山田圭吾のミラクルボイス、ニュートラルで端正な容姿、でも受け答えは性格の悪いクソガキ。私の知るカッコいいとは違うカッコよさが2人にはあって、そこに猛烈に憧れて、恥ずかしいくらいわかりやすくハマってしまいました。あんなに充実した日々はそれ以降味わえていないかもしれません。もうマジホント、後追いなのが悔やまれてならない。くそっ。1989年デビューで91年解散の実働およそ2年の短命バンドで、当時の私の幼い耳では拾えない音楽。無念中の無念。しかし、悔いても仕方ないと彼らの時間を遡るように追いかけました。ネットが普及してない時代だから足が命。ベテラン刑事の如く東京の主要駅を巡り、古本屋や中古CDショップをしらみつぶしにしました。彼らの生っぽい部分を知る手がかりは雑誌のインタビューしかなく、4分の1ページ程度の掲載でもフリッパーズ・ギターが載っていればチェック。そうして2人のルーツを辿る内に前述の英国バンドの名前がボコボコ出てくることに気付きます。なんと、フリッパーズ・ギターのルーツとなる音楽を私はいつの間にか聴いていたのです。そういった「音楽性の楽しみ方」を知らなかったので大層面食らいました。私を改造したバイト先の社員さんにそのへん知っていたのか問うたところ「もちろん♪」と満面の笑み。言ってよ……。

そんなこんなで私はフリッパーズ・ギターを起点にして80年代UKバンドも追いかけ始めちゃいます。2人はたくさんのレコードをラジオや音楽誌で紹介していて、「やっぱりCDよりレコードでしょ」的なことを言ってるんですよ。そりゃ興味が勝りますよ。すぐさまヨドバシカメラ新宿西口本店で5000円くらいのやっすいレコードプレイヤーを買いました。MDステレオに繋げて、グッズ感覚で買ったたったけーレコードをターンテーブルに乗せ、指をプルプルさせながらそっと針を置く（レコードは針で聴くのです）。サーッというノイズとともに流れ出すフリッパーズ・ギター1stアルバム『THREE CHEERS FOR OURSIDE ～海へ行くつもりじゃなかった』……。今思えば人生の岐路に立ったとも言える瞬間なのに、当の櫻井くんの感想は「んー……わからん」でした。そんなもんです。A面が終わったらひっくり返してB面を聴くとか、LPとEPで回転数を変えるとか、ギミックの楽しさは知りました（LPは直径約300㎜、EPは直径約174㎜とサイズが違います。アルバムとシングルです）。聴く手順に何やら尊さを見たって感じですかね。

さぁ、いよいよ最終フェーズに移行した私は、誌面で紹介されたバンドのレコードを躊躇いなく買うようになります。500円くらいのリーズナブルな盤から、時には1万円近いレア盤までそりゃもうドカドカ買う。2人のコメントを鵜呑みにし、「これがカッコいいんだ」と買って買って買いまくる。櫻井くんを突き動かしたのは己の価値観とは別の新たな基準、言わば信仰でした。養成所のレッスンの合間に自転車を飛ばして買いに行ったりしちゃうんだから、なかなかの仕上がりですよ。「レコード聴くんだ」に対して「音がいいんだよね」と人の答えで答える。訳もわからず買って、違いもわからず聴いて、それがとにかく楽しい。高い金額払って手に入れたレコードがさっぱり良いと思えなくても全然平気でした。一度聴いて棚の奥底に突っ込んだまま2度と聴いてないレコードとかワンサカあります。本当にその音楽をいいと思っているか、欲しくて買っているか、そんなことはどうでもよかった。買わなきゃダメだと思ってました。「これを続けていればその先に素敵な何かが待っている」みたいな、そんな空想で頭を一杯にしてました。

おそらく、私は彼らになりたかったんだと思います。「音楽を知らないのに？」と思うかもしれませんが、いやいや、音楽を知らないからですよ。

何かのインタビューで小山田さんが「初めて覚えた英語の歌詞はゴダイゴの『銀河鉄道999』」と答えていて、私も同じだったのでめちゃくちゃ嬉しかったんですよね。そんな些細なことを共通点と思って喜ぶなんてとても幼稚だけど、それを睨むような気にはなれませんでした。だって、好きなんですから。

仕事が軌道に乗って、取材で自分のことを披露するようになった頃の記憶なんですけど「レコードが趣味とか、無理してカッコつけなくてもいいですよ」みたいなお便りをもらったことがあって（笑）。笑っちゃったんですが、もし何か察していたとしたら、なかなかどうして鋭いじゃありませんか。エセ感が出てましたかね……危ない危ない。

あれから20年近く経った今はというと、それなりの経験と知識でもって趣味を続けています。費やしたお金と時間分くらいは「自分の好き」が育ちましたよ。その音楽が好きだし、ちゃんと欲しくて買ってます。不純な動機で切ったスタートなのに、気が付けばライフワークのようになっていて、我ながらちょっと不思議な気分。うーん、悪くない。こうなったら行けるところまで行ってみましょうかね。何も待っていないのは百も承知。大人ですから。

最後に。ラジオパーソナリティーでありシンガーソングライターでもある鷲崎健くんと音楽談義をした時のこと。「人生の1枚、選ぶとしたら何？」という話になったのですが、迷ってその場では選べませんでした。でも、今なら答えられます。私の人生の1枚はフリッパーズ・ギターのベストアルバム『Singles』です。ラストナンバーの『ラブ・アンド・ドリームふたたび』は、今でもあの頃に戻れる魔法の曲。これまで何回聴いたかわからず、これから何回聴くかわからない人生の1曲です。いろいろ聴いてきましたが、これを超えるものにはもう出会えないと思います。

この1曲を見つけられただけでも、私の思いは実ったと言えるのかもしれません。

※1　1987年メジャーデビュー、95年解散。『リンダ リンダ』や『TRAIN-TRAIN』などが有名。メンバーの甲本ヒロト、真島昌利はザ・クロマニヨンズで活動中。

※2　大槻ケンヂといえばアニメ畑でも顔が利くカリスマヴォーカリスト。『踊る赤ちゃん人間』は名曲。

※3　1989〜90年、深夜に放送されたTBSの深夜番組『平成名物TV』の1コーナー。正式タイトルは「三宅裕司のいかすバンド天国」。アマチュアバンドがメジャーデビューをかけて勝ち残り戦を繰り広げる。変なバンドがたくさん出てて面白かった。

※4　「イカ天」で勝ち抜きメジャーデビューを果たす。『さよなら人類』が大ヒット。ルックス、サウンドともに強烈なインパクトを残した。

※5　1989年メジャーデビュー、93年解散。代表曲の『ビデオ買ってよ』に時代を感じる。ヴォーカル大木知之はTOMOVSKYとして活動中。

第七回　2020年に思ったこと・前編

2020年の憂鬱は未だ健在で、それに合わせた生活を余儀なくされています。乱暴な居候との共存はなかなかに骨が折れますね。ウチの母・文絵《ふみえ》が「我慢ではなく辛抱」と言っておりましたがホントその通り。お先真っ暗状態を抜け出したような空気を吸いつつ、ぼんやりある違和感に呼吸を浅くしているって感じでしょうか。ぼちぼち一区切りが欲しいなぁなんてゆったりとひと息吐きながら、何やかんやあれやこれやと物思いに耽ってみたりしてました。予定にはありませんでしたが悪くない賢者タイムになったんじゃないかと思います。そんな「考える時間」ないし「考えさせられる時間」がたくさんあったので、今回は2020年を総括すべく思ったことや考えたことを徒然に書こうと思います。2号連続でやりますのでよろしくお付き合いください。

今年46歳になりまして、いよいよ50歳のシルエットがぼんやりと向こうの方に見えてきました。思えば遠くへ来たもんだってなもんで、上京して26年、仕事を始めて24年が経ち、気付け

ば人生も復路に入っております。ぼちぼち将来を見据えて色々と段取っておかないとなぁなんて、漠然と考えてみたりなんかしちゃったりしてます。「まだ早くない？」って思いますか？　おそらくそんなことはないんですよ。生涯現役の予定は今のところないので計画的に事を進めておかねばなりません。まぁ予定は未定であって決定ではないのでしれっと撤回する可能性は十分にありますが、ただ「死ぬまで声優」は正直ピンときてないのが本音です。思い返せば、自分のこういう冷めた感覚はデビュー間もない頃からあって、『シェンムー』や『快感♥フレーズ』の現場で松風雅也くんによく零していました。「声優やりたいけど、声優やめたい」みたいな（その度に叱られましたが）。仕事に誇りを持っているし愛着も感じるし、それこそ人並み以上の執着も持っていると思います。枯れたとか、しんどいとか、不安とか、自分にそういう錆びた風合いは見受けられないし、気を引くためのポーズでも、斜に構えてカッコ付けてるわけでもないです。ダセェ答えですけど、私の暗黒面がそうさせているって感じですな、フハハハハ。……ホントは、自分は本物じゃないと気付いているんです。頭でしか演技できないことがバレるのがイヤなんだと思います。内緒ですよ。

アニメやゲームが好きで声優を目指した私ですが、出る側に立って初めて知った自分が結構います。前記した通り掘り下げは面倒くさそうなのでパス1。ダークサイドのせいにして本を読み飛ばすような程度の理解度でフィニッシュしてます。今から披露するものも分析ではなく感想みたいなものってことで一つよろしく。それこそ軽く読み飛ばしてください。例えば、マネージャーとの会話中に気付いたんですけど、私は「この役やりたい欲」が低い。振り返ってみても「出たい作品」はあったけど「やりたい役」って数える程しかなかったんじゃないかな（……あ。結果的に好きになったキャラクターはいっぱいいますよ！　そういう情緒は持っていますので誤解なきよう）。基本、声優はオファーありきの仕事だから受け身のスタンスになりがちです。アニメ↓原作という順序で知るのがざら。私の場合なのですが、「作品」は概要を見れば粗方把握できるから好きなテイストであれば出てみたいと思える。でも「役」となると頭パーンで、自分でチョイスしてトライするみたいなのは超苦手。仕事であてがわれたものはバッチ来いなのに……。苦手な言い回しですが「このキャラクターを演じてみたい」的な欲求が生まれないのです。客観的に見ていい役だなとか、あの声優さんにハマりそうだなとかはわかる。でもそれが自分には発動しない。「小さな男の子やムキムキマッチョを任されることはない」みたいな消去法はできても、どれが自分に似合うのか、チャレンジになるのか、アピールになるのか、そういうのがてんでわからない。決められないんですよ、なんでも為になるし勉強になると思っちゃう。こういう無害なスタンスって時に有害になるから注意が必要なんですけど、それを解消する手っ取り早い方法は、定石ですが第三者の目を入れることです。マネージャーの意見やアドバイスが正にそれですね。声優の声って商品としての側面がわかりやすくあって、敢えて受ける、敢えて断るといったビジネス的なチョイスが鍵になってくるんです。マネージメントによってこれからの自分をデザインするようなイメージです。マーケティングとかブランディングってヤツですね。作品に出るためには作品に出続けなければなりませんし、それが叶っても今度は飽きられたり特定の役のイメージが付いて回る可能性が生まれたりと、絶えず何らかのリスクがつきまとうことになります（個人の見解です）。……どれくらい先まで勝負できるかですね。時代にマッチしつつ、歳とも付き合っていきつつの長い道程。ゴールがいつになるかわかりませんが、手荷物くらいの気楽さで行けたら最高ですよ。まぁあれもこれもそれもどれも仕事があればの話……って、怪しいコンサル風でお送りしてますが、私としてはややこしく考えながら働くのは性に合わないので、これまで通り目の前にある仕事に丁寧に取り組んでいくのみであります。

書きながら改めて思ったのですが、私はアルチザン的な気質が強いようです。いわゆる職人気質ってやつですね。アルチザンを辞書で引くと「技術に優れているが創造的精神に乏しい人」と出ます。これがしっくりきちゃったんですよ。私の気分にピッタリはまるワードでした。優れていると認めるのはやや気が引けるので汲んでほしいところではありますが、声優が技術職であることになんら疑う余地はありません。プロで鳴らしている人たちは皆、優れた技術を持っていると言って差し支えないでしょう。ただ実際のところ、声優の技術の凄さって声優にしかわからないと思います。演技が上手いとか表現力があるとかそういうんじゃなくてもっと細かいところ。超専門的なスキル・一瞬の技術が色々あるんです。絶妙な幅寄せとか、字余りのセンスとか。この説明じゃなんのこっちゃって感じでしょうけど。感覚で駆使している技術が大抵で、それが表向きに芸として相伝されるような文化がない。「声優メソッド」みたいに体系化される日がそのうちやって来るかもしれませんけど、テキストで網羅するのは不可能だと思います。やはり人に蓄積されるべきものなんですね。見て、真似て、自分の方法で自分のものにして、実践する中で磨いていく。教える言葉がないから本人が気付くしかなく、気付いた人間だけがそれを手に入れることができる。徒弟のシステムがあればもう少しロジカルに継承されるなんてこともあるかもしれません。あとはＡＩとかどうなんでしょう。怖くて興味あります。

こうやって時に純粋に時に不純に演技・表現と向き合っていったところ、意外な壁にぶち当たりました。これは20代後半くらいに何となく気付いたんですけど、自分の声が邪魔になるんですよ。声優が何を言う（笑）。いやいやあるんですあるんです、そういうタイミングがちょくちょくやってくるんですそうなんです。声のせいにしてる時点で未熟者ですが、これがなかなかに曲者でしてハイ。声の成分が原因なのか、疑われたり、警戒されたり、信じてもらえなかったりと、思いもよらぬ反応が返ってきてびっくりしちゃいました。私の知らないところで私から出たものが暴れてるらしいんですよ……今となってはそのザワザワをこっちも楽しんじゃってますけど。武器にもなる要素だから、自分の特性とはうまく付き合っていかないとですよね。これもビジネス。

声優の世界では、その名の通り〝声の演技〟に特化した人間がどんどん増えています。かくいう私もその世代で、体を使った演技経験を積もうと舞台に出たり、ラジオの経験を演技にも活用できるよう独自の方法でドリップしたりと、試行錯誤しながらやってきました。それは間違ってなかったし、多分間違いとかないんだろうなぁと思います。本物風であってもプロはプロ。自分で考え、自分で選んで、自分で決めればいいのです。

今はちょっと立ち止まってます。暫くこの辺をうろうろしてみようかなと。何か良いものが落ちてそうなんですよねー……この先必要になりそうな何かが。また歩き出すのはそれを拾ってからってことで。
あ、そろそろ行かなきゃ。
また次回～。

第八回　2020年に思ったこと・後編

後編です。引き続きイロイロ振り返っていきましょう。

気が付けば12月に入り、衝撃の2020年が素知らぬ顔して幕を閉じようとしてます。ホント大変な年でしたよね。まだ終わってないから安心できないけど、ビクビク過ごすのも正直疲れました。ルールを守りつつ伸び伸びやるしかないでしょ。「新しい生活様式」が形になりかけてて、正直その中身とやり方に抵抗あるけど「しゃーない」みたいな上から目線で付き合おうかと。じゃなきゃ仕事もできない。働かなきゃ食えませんから。

声優の職場も新スタイルで対応してます。応急処置とか急場凌ぎだったシステムに「これもアリなのでは？」という空気感が漂ってるように見えます。かく言う私もいいとこ取り推奨派

で、雑な上塗り・上書きはNGだけど、TPOとケースバイケースで賢く使い分ければいいと思ってます。単独、少人数、大人数と内容によって稼働する人数の変わる仕事だから、効率化を図るにはいいタイミングかもしれません。怪我の功名とか転んでもタダでは起きないの精神。こういうの大事。

アフレコは不自由さよりも寂しさを感じています。スタッフさんの努力でストレスなく現場に参加できてますが、やはりフルメンバーでの収録は現状不可能。大体3～5人で、ところによっては併設される複数のスタジオを駆使して7人前後まで対応できる制作会社さんも。目配せとか息を合わせる等、生っぽいやり取りができないのが痛い。想像と経験でカバーしつつ演出と共演者を信じて託すしかないです。

私の主戦場はアニメーションや海外作品の吹き替えです。演技のフィールドですね。ナレーション系も稀に。そこをベースに単発やイレギュラーのオファーを組み込みスケジューリングしていきます。声優の仕事には他にも、例えばゲーム音声、ガイド音声、朗読など挙げればそれなりに種類や幅があり、また一握りではありますが、ラジオやイベントへの出演、歌手や俳優活動といったアーティスト・タレント寄りの活動を成功させる人も。人気やバリューがあってこそだから、やれる人・やりたい人はどんどんやればいい。そのうち、超ド級のスーパースター声優が爆誕するかもしれないかも。楽しみですね。

自分で言うのも何ですがありがたいもので、私のような手合いでも目標にしてくれる若者がいたりいなかったりします。作品と役の力です。私はマイクに向かってあーうー言って、あとはレコード買ってるくらいで大したことはしてません。ただヘラヘラヒラヒラ生きているだけです。しかし。自身も幼い頃の夢や憧れでスタートを切った人間だとこのエッセイで書いてしまったので、その辺の自覚といいますか、認識くらいは持っておこうと思いました。

と、そんな薄目で逃げ腰の私の元に、驚きのオファーが舞い込みました。しかも2件。イレギュラーで、しかも自分の姿を晒す系の、そしてそして両コンテンツともにリスペクトして止まない「神」が出演されているではありませんか。なんてこった。普段は顔出しの仕事（注：イヤラしい意味ではありません。〝映り〟と呼ばれる、自身が出演する形態の仕事です）はソッコー断る私が両方ほぼ快諾状態でした。だってあのよゐこの有野晋哉さんと、Mr．都市伝説こと関暁夫さんの番組だったんですもの。いやぁマジ神だったわ。

有野さんとのお仕事は『世界をマンガでハッピーに！』という動画コンテンツでした。タイトル通りマンガにまつわるトーク、体験談やエピソードを披露するという内容。事前のアンケートや打ち合わせの時点でウッキウキ状態。我ながら本番が思いやられたのですが、収録当日は存外冷静でした。集合場所でバッタリ有野さんと対面しちゃって超焦りましたが、背の高さとあの独特の声で爆アガリ。『ゲームセンターCX』原理主義者の私は心の中で「課長ー！」と大絶叫。課長オンですよ。基本、本番中は有野さんをロックオン。なかなか目が合わないなぁなんてずっとチラチラ見る始末。そりゃ有野さん困るわ。ずっと有野さんをストーキングしてましたが、神田沙也加さんの美しい進行に誘われ気が付きゃ終了のお時間。あっという間のマッハでした。収録終わりに色々とお話をしまして、次の生挑戦はさいたまスーパーアリーナでお願いしますと、バッチリ課長扱いしてスタジオを後にしました。これで中村悠一くんへのジェラシーが少し治まった。彼、有野課長と対談したり、オンエアでも名前が出たりしてるんですよ。チッ。でもいいもんね、サイン貰ったもんねー。

からの、続いてはMr．都市伝説こと関暁夫さんです。その名も『Mr．都市伝説 関暁夫のゾクッとする怪感話』というBSテレビ東京の番組。私はここ何年かずっと『ウソかホントかわからない やりすぎ都市伝説』の関さんパートのナレーションを担当させてもらってますが、当の関さんとは一度もお会いしたことがなく、今回の出演がホントの意味での初共演となりました。有野さんの時と違いちょっと緊張しちゃってたんですけど、どうやら楽屋がお隣だったようで関さんの方からご挨拶してくださって、「めっちゃいい人じゃん！」みたいなアホテンションへ急上昇。単純。バッチリ決めた関さんがこれまた迫力あってカッコいいんですよ。その姿だけで一気に関さんワールドに引き込まれます。スタジオセットは額縁が空中に浮かぶような不思議な空間になっていて、出演者2人は別の方向を向きパフォーマンスする。気配はあるんだけど誰も目に入らない。没頭できました。怖いという感覚を伝える方法には「自ら怖がってみせる」か「徹底して相手を怖がらせるか」の2通りがあると思います。同調させるか、孤立させるか。映像の演出が入ると意地悪く味付けできていいですよね。Mr．都市伝説がいるから高級感も生まれるし、声優のチョイスで遊ぶこともできます。立ち上げに参加できてよかった。関さんと記念撮影したもんねー。

有野さんにも感じたのですがお二人とも声が強かったです。有野さんは陽で親しみやすく、関さんは陰で上品な印象。声に〝目が行く〟のは職業柄ですが、そういう分析を抜きにしてもお二人とも耳に深く残るいい声。直接聞くと味わいが変わりますね。素敵でした。

文中、「ほぼ快諾」と少しぼやかす表現を使ったのは、実は2つのオファーを受けるかどうか迷ったからです。仕事だから立派な口実になるんですけど、それって仕事にかこつけて個人的な望みを叶えることになるわけで、なんというか、ちょっと間違ってるような気がしてしまって……。と、一見、ファン故の複雑な心理といいますか、照れや生真面目さが原因で葛藤しているようですが、それは違います。「間違ってるような気がする」という発想の根っこにあるのは「疑い」です。「本当にこの仕事受けたいの?」「二人に会いたいの?」「ホントに好きなの?」と、薄目に薄ら笑いの私が私に問いかけてくるのです。何を隠そうコイツが私の本体。引っ込み思案でものぐさで、そのくせ妙に鼻が利く。仕事で培った表の私はアニメパワーで着飾ってるのでもう少し煌びやか。ところが薄目の方に主導権が行きがちでアニメの方は押され気味。揺さぶりをかけて試してくるんです。「本音は?」「大変だよ?」「できるの?」……やらない可能性を絶えず提示してくる。憎たらしいったらありゃしない。ですが、疑いを晴らすのは案外簡単でした。私を目標にしてくれる人がいるという事実が後押ししてくれたのです。そんな風に言ってもらえて嬉しかった。私も同じ道を歩んできましたから、ありがたかった。

大人になるにつれ臆病になったように思います。いろいろ知ってそうなったのですが、それって賢くなったとも言えますよね。一つの物事に対してたくさんの可能性を見つけられるようになった。ところが、それが却って自分の首を締める結果となってしまうことも。難しい。いつか収録現場でベテランさんが言っていた「引き出しが増えると逆に迷う」という言葉とも通ずるように思います。

もしかしたら、前回の結びで書いた「この先必要になりそうな何か」って、何かを拾うという意味ではなく、何かを捨てろってことなのかもしれない。足すことが必ずしもプラスになるとは限りません。引くことが足す以上のプラス効果をもたらすこともあるはず。これは可能性ありますね。

……ホントにそう？

それでは、良いお年を。

第九回　真っ平らな大晦日の夜に

遅ればせながら年始のご挨拶を。あけましておめでとうございました。本年もよろしくお願い申し上げます。

寒いですね。「森」はすっかり銀世界ですが現実世界はどうでしょう。東京の冬はなかなかに厳しく大雪が降るこ

ともしばしば。北海道出身者に「地元より寒い」と言わしめるほどで、「え、嘘でしょ」なんて思いましたが、母・文繪曰く「愛知から見れば東京は東北」とのこと。乱暴な見解だけど、暮らしに根差した価値観が息子にはステキに響いちゃいました。いい切り口。

私は冬が好きです。家を出た瞬間の身震いする感じとか、テイクアウトのホットコーヒーとか、夜のグラファイトヒーターの色とか。寒さ故の不自由さや視界が狭まる感じがいい。そういった人の閉じてる感じが心地良く、生きやすいというか過ごしやすいのですが、こういった風味の発言をすると後ろ向きに受け取られるのが面倒くさく、心の中で「うっせーほっとけ」って思っています。……よし、あったまってきました！

皆さんの年末年始はどんな感じでしたか？　ご時世的に家でのんびりって人が多かったのでしょうか。寝正月なんて言葉もあるし、「何もしない」をするのもそれはそれで悪くない過ごし方だと思います。上京してからの私は実家へ帰省するのがお約束でしたが、ダイビングを知ってから選択肢に海外が増え、ここ最近は両親との旅行が定番化していました。正月らしく過ごすのではなく長期休暇として消化する。正直、家でダラけたい気持ちもあるんですけど、長い休みはここしかないから有効活用するよう心がけてます。こんなそろばん勘定ができるようになるなんて、出不精の面倒くさがりにしてはまぁまぁの進歩っす。

実家が米屋だったこともあり、暮れの慌ただしさが子供の目線ながら風物詩のように映っておりました。その時期だけ配達の手伝いをするのがお約束で、米はもちろんのこと、餅や灯油を配達したり、お歳暮の名入れタオルやカレンダーを配ったり。タバコ臭い軽トラの助手席に陣取っている間はちょっとだけ大人になったような気分。謎の優越感に浸っているのですが、行く先々で「えらいね〜」なんて褒められると軽い会釈が精一杯。だって恥ずかしいし、そんなに偉くもないし。そんなクリスマス明けから大晦日にかけての１週間がこの上なく好きで、今でも暮れを迎える度にふっとその頃の記憶が蘇ります。小学生時分の大晦日の恒例は近所のＩくん宅での徹夜ゲーム。米屋の手伝いを終え、テレビを観ながら年越し蕎麦を食べ、八幡さんでお参りを済ませてからのレッツパーリナイ。大したイベントじゃないように思われるでしょうけど、当時は今のように深夜番組もやってなけりゃスマホもなく、夜中にゲームが許されるのもミラクルなことで、如何にこのワンナイトをスペシャルなものにするかに心血を注いだのですよ。結果、クリスマスプレゼントにゲームソフトをサンタ（父・武司《たけし》）と祖父・秋雄《あきお》から貰い、それを大晦日にしこたまプレイするという気の長いルーティンが生まれ、少年櫻井としては欠かせない年一のビッグイベントになったのです。一年の最後の日に自身のピークというかクライマックスを設定しちゃったものだから、残りの３６０日超はただの準備期間扱いという異常なコスパの悪さ。頭悪すぎですがそれくらい楽しみでした。なぜ、そんなに楽しみだったのか……。これはひょんなことから始まった行事で、たまたまご近所同士でお参りすることになったとある大晦日、そのままの深夜テンションでＩくん宅になだれ込み新年会が催されました。深夜にお菓子食べて、ジュース飲んで、ゲームやって……。大人のマネをしているみたいで超楽しくて、そして何より、それが許されたのが嬉しかった。「いつまで起きてるんだ」的な雷が落ちるかと思ったら、これがなんだか全然怒られない。無礼講ってヤツでしょうか。

なんだったら大人組が先に寝ちゃって子供組は元気に完徹。ゾーンに入ったかのような、えも言われぬ楽しさを味わったとても思い出深い一夜となったのです。この出来事に味を占めた私はIくんを巻き込み、数年ではありますが恒例行事化することに成功。ただし子供のみ。残念ながら大人は付き合ってくれず。しょんぼり。

大人パワーが当てにならなくなった結果、この計画のキーマンはIくんになりました。なぜかと言うと、ウチではそれができなかったからです。答えは簡単、家が狭いから。当時の櫻井家は店舗兼住居に祖父&祖母が住み、道路を挟んだ対面に父&母と私たち兄弟が住んでいました。残念ながら我が家は小振りで騒ぐこと能わず。じいちゃん家も店のシャッターが閉まった後は足を踏み入れてはいけない的な暗黙のルールがあり、まずもって許諾は下りない。いやいや、ダメダメ、貴重なオールなんだから盛り上がりたいじゃん。息を殺して宴会なんて、罰ゲームどころかただの罰でしょ。これはもう、実績のあるIくんに頼るしか方法はありませんね……ニヤリ。とまぁ、こんな調子で少年櫻井が暗躍し、見事、場所と大義名分（Iくんのことです）を確保することができました。まぁ、その実やることといったら前記の通りひたすらテレビゲーム。クリスマスにゲットしたおニューのソフトをやり倒すわけです。眠い目を擦りながらゲーム、こたつで寒さを凌ぎながらゲーム、とにかくゲーム。子供って遊び道具がないと遊べない生き物ですからね。その点大人は酒さえあればどうにかなる。当時は不思議に思っていましたが、今ならよ〜くわかりますよ、ハイ。

……私の記憶が確かなら、3回目くらいでIくんに開催を渋られたんですよ。おそらく親御さんに何か言われたんでしょう。まぁ冷静に考えてみれば傍迷惑な話です。夜通し騒がれるし、次の日にも影響出るだろうし。私が「毎年恒例のアレです」感でゴリ押ししていたようなもんでした。新作ソフトを仕入れてIくんのモチベーションをキープしつつ、早い時期から根回ししたり、積極的にコミュニケーションを取ったりと、なんとかやり繰りしていました。延命措置に近いです。……別にどうしてもゲームがやりたかったわけじゃないんです。ただ、あの時間がとてもとても好きだったんです。大人も子供も関係ない真っ平らな時間。あれを再現したかった。狙って作れるものではないけど、近い形にはできるんじゃないかと、無い知恵絞って捻り出したアイデアが「続けること」でした。もしかしたら興味持ってくれるんじゃないか、あの時みたいにみんな参加してくれるんじゃないか……。拙い見積もりだけど、これが少年櫻井の精一杯。「またみんなで大晦日しよう」がどうしても言えなかったです。恥ずかしいし、おそらく相手にされないから。「またか」とか「嫌だな」とか思われたくなくて、そういう空気にならないよう幼いなりに気を回していました。あの夜は、人見知りで引っ込み思案な私が本当に楽しいと思えた瞬間だったんですね～。

この歳末イベントは中2の時に終わりを迎えます。ウチが実家を建て替えたのがその大きな理由です。櫻井孝宏14歳、遂に自分の部屋を持つことが叶いました。ありがたやありがたや。〝区切り〟なんて言葉を使うと大袈裟かもですが、なんかそんな雰囲気でした。潮時だったのかなと。一人部屋を手に入れた私はそのサイズで全部を完結させるようになりました。好きな物に囲まれる生活は居心地良すぎてふやけまくり。自分のタイミングでなんでもできます。オレのターン来た！

その後、それぞれの交友関係が変わってIくんとは疎遠になってしまったんですが、友達付き合いが長く続かないのは今もそうで、だからといってそれを欠点だとか欠陥だとは思っていません。無理したくないだけです。頭の中ならまだしも、心の中なんて読めないし、どちらかというと読みたくないです。こういったニュアンスの発言をすると後ろ向きに受け取られるのが面倒くさくて……。

冬を好きな理由がわかったような気がします。

第十回　父と母

この連載が始まって自分のルーツを辿ることが増えました。ただの題材探しなんですけど、これがなかなかに興味深い。まるで遺跡発掘のようです。僅かに残る痕跡を手掛かりに、記憶の欠片や思い出の粒を拾い集めるような感覚と申しましょうか……（作業感を出したくないのでポエティックにオブラートに包んでおります。どちらかというと糖衣って感じ

かもですが）。記憶ほど曖昧なものはなく、本人次第で美化も劣化も思いのままの危ないシロモノ。捏造・改竄してもほとんど確かめようがない。不確かさは凶器にもなるので取扱注意ですが、賢く運用すれば無限の鉱脈。小学生の頃に習っていた書道と剣道のエピソードを未だに堂々と披露する図太い私ですから、その辺はもうお茶の子さいさい。再構成やドーピングで幾らでも寿命を引き延ばせます。古いアルバムを眺め懐かしさに浸りながら「使える／使えない」の選定をするんですよ。ネタで消費するかタネとして育てるかって感じですね。

上京後はどうしても仕事の話が絡んできます。己を紐解くにも声優業を引き合いに出さないことにはどうにも書けない。もっと生っぽい内容にしようと切り口を変えても結局似たような断面に。このエッセイで「仕事中心に生きてきたんだなぁ」と改めて認識できました。それが間違いとは思わないけど他の正解はありますね。働かないって意味じゃないですよ。もっと楽する方法もあったし、もっと働けるやり方もあった。「それが分かっただけでよし気分」の私は余裕があるんだかないんだか。

演技以外のアウトプットの場はラジオのみでしたが、このエッセイが増えました。「ロール・プレイング眼鏡」が始まったことは一つの転機と言えます。ただ今実感中。その証拠に第九回の大晦日話は文字だからこそ形にできた内容でした。話して聞かせるのか文章にして読ませるのか。手段のチョイスでエピソードそのものの印象が全く変わる。声にして花開くものもあれば、文字にして味わいが増すものもあるということ。これまで「読む＆話す」で勝負してきたからこそ素直に納得できるのかもしれません。私のような行動範囲の狭い人間が新たな気付きを得る機会なんてそうそうないのでマジ感謝ッス。

そもそも私は話すのも文章を書くのも得意ではありません。声優としてのバリューがあるからラジオもエッセイもやらせてもらえるのであって、当の本人は己を晒す系の仕事に関わるなんて夢にも思ってなかったです。正直やりたかった訳でもないので。よもやよもやですよ。自己流で活路を見出しましたが、それはただのシステム。前記の通り、地産地消ではありますが仕入れを切らさないよう注意して、あとはタイミングに合わせて陳列していくだけ。自分に合った方法を知ればそれなりにやり繰りできちゃいます。……にしても、まぁなんだかんだよくやってるなぁと、我がことながら思うのですよ。ラジオを始めた頃なんて超ヤバくてすぐクビになると思っていました。ゲストさんに失礼な物言いをしたり、手の込んだドッキリを潰して死ぬほど怒られたり、不適切な表現でゲラゲラ笑ったり、無茶振りに黙り込んだり。オンエアを聞いた先輩に「すぐにでもやめたほうがいい」と酷評されるレベルでした。ところが、私はそういう類いの圧や批評が気にならない人間だったようで、特段焦ったり悩んだりもせず、できないことはできないと居直ってやり続けちゃいました。

これって詰まるところ「そういう人だった」で流しちゃう話だったんですけど、あれこれ調査済みの今ならその理由を説明できます。ポイントは2つ。一つは自分を騙すのが上手だったこと。もう一つは他人に対して過度な期待をしない性格だったこと。そう、性格ってヤツです。今っぽくキャラクターや個性って言葉にも置き換えられますが、こういう固有の人間性って育ってきた環境にめちゃくちゃ左右されるじゃないですか。皆さんも思い当たる節が1つや2つや3つや4つや、何だったら100くらいあるでしょう。私も生まれてこの方人見知りベースでやっておりますが、それとは別の、例えるなら草木にとっての太陽のような存在が大きく作用していると断言できます。

例えば、忘れもしない小4の春。ある朝起きたら母が忽然と姿を消していて、代わりに父が朝食を作っていました。目を疑う衝撃的な光景。何かがあったことはわかるがそれが何なのかわからない。静かにパニクる長男（私）をよそに「嘘でしょ？」ってボリュームの本気ラーメンを目の前に置く父。朝のルーティンで正気を保とうと『ひらけ！ポンキッキ』を観ながら湯気もうもうのラーメンを啜るも、ポンキッキも麺も全然入ってこない。でも「お母さんは？」の一言が怖くて言えない。

結局ほとんど食べ残して逃げるように学校へ。当たり前ですが授業も上の空。内容が内容だけに先生やクラスメイトに言うわけにもいかず。仕方ないので1日かけて腹を決め、帰宅するや「お母さんどうしたの？」と恐る恐る問いかけたところ、真顔の父から「3人目が生まれる」と衝撃の発表が。いやいや聞いてないって……。ウソみたいに全然気付かなかった。でもおめでとう。

中2の頃にも似たような出来事がありまして。ある日学校から帰ってくると何やら妙な違和感が。「登れば我が家」のゆるい坂へ差しかかった辺りで異変に気付きました。いつもと同じ帰り道なのにいつもと何かが違う。次の瞬間！　いぶかる私の目に信じられない光景が飛び込んできました。……なんと、家がなくなっているではありませんか。朝は間違いなくあった米屋が影も形も米もありません。更地を前に呆然と立ち尽くす中2櫻井。そこに狙っていたかのように現れる配達途中の父。ショック状態の長男に真顔の父は「建て替える」と衝撃の発表パート2をお見舞いしたのです。いやいや、だから聞いてないってば……。

特殊に思えるけど、私が子供の頃は寧ろ世の中全体がこんなもんだったかもしれないです。大人も子供もタフだった昭和。親や先生が強い力を持ち、歯向かおうものならパンチやキックが飛んでくる。従う。あの自由で荒っぽい気風のお陰か、驚きこそしたけど文句や不満は生まれなかったので。他にも、何の前触れもなくスキー合宿へ送り込まれる、いつの間にか英語塾へ行くことになっている、突然家庭教師がやってくる等々のイベントがまぁまぁのペースで発生します。中には「親子で参加のパン作り教室で自分の息子が女の子扱いされているにもかかわらずそれを訂正しない母」なんてクセ強めのエピソードも。その手のゲームだったらちょっとしたフラグですよ。事実フラグのような役割を果たすことになりましたしね（意味深）。そして、長い時間かけてこの文化を継承した私は、高3の時に突然「声優になる」と両親に告げることになるのです。英才教育ですね。

小さなサプライズに溢れた日々を送った結果、私はややリアクションの薄い人間になりました。時と場合は選ぶけど、多少のことなら「あ、そうなんだ」で済ましちゃいます。もちろん仕事の時は頑張ってますよ。ただその場合も自己演出でリアクションするし、流れを読んで発言してることが多いですね。

冒頭に記した遺跡発掘のデモンストレーションを試みたつもりが、記憶が鮮明すぎたからかネタっぽくなってしまいました。もう少しヒストリーのような、ストーリーのようなタッチで書きたかったです。こんなはずでは……なぜだ。

因みに、親子間のやり取りは今も同じ。内容は老けたけどテンションは変わりません。絶好調です。父母は私にとって太陽であり水であり土です（肥料だけはオリジナル）。たくさんの愛情と影響を受け、それが今をもたらしています。
欲を言えば、もう少し社交性の高い人間になれたら良かったのですが、遮光性が高くなってしまいました。なんつって。……いい歳してこんなノリですけど意思を持って伝えることの大切さは理解していますよ、積極的ではありませんが。ただ、性に合わないし余計なお世話に感じちゃうんだよなぁ。内容だけ伝わっても何で伝えようとしたのかが伝わっていなければ伝わったことにならないじゃないですか。ねぇ、そうですよね。……なんて偉そうに書いてる当の本人がそこに気付けないのだから世話がない。人に言える身分じゃございませんね。揚げ足取られそう。

〝言わぬが花〟って私のスタンスにも当てはまるのでしょうか。思っても言わない、気付いても言わない、言わなきゃいけないのに言わないこともあります。無言の方が伝わる場合もあると思うんですよね。より強く響く。

今は怖い文字と強い言葉に溢れすぎていてちょっと疲れます。皆さんの頭にあるそれは伝えなきゃいけないことなのでしょうか。黙って考えてみるのも悪くないですよ。

第十一回　元締めの背中

昨年の暮れからずっと頭の中をうろついています。戯れに始めたエッセイのタネ集めが美味しくてやめられない&とまらない。大晦日の体験、40年以上続く親子のカタチと、2回連続で幼少期を晒して脳がほぐれたのか、YouTubeさながら次々と「あなたへのおすすめ」がピックアップされるようになりました。こりゃもうちょっと引っ張るかってことで今回もノスタルジックおじさんで行きます。前回・前々回でも触れたトピックを掘り下げ伏線回収気分を味わいましょう。ながら見気分でいいのでお付き合いください。

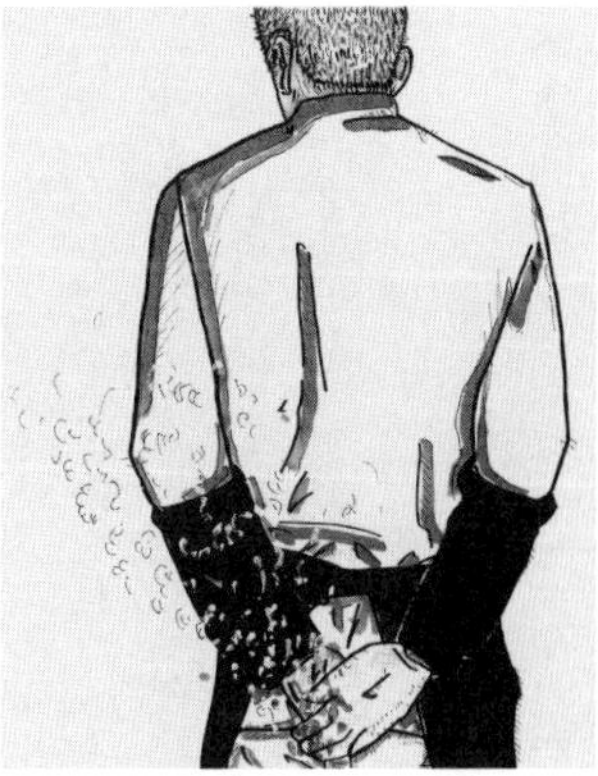

家の建て替えを経験したことがある人ってどれくらいいるんでしょうか。私は中学2年生の時に実家の建て替えがありました。木造2階建てが鉄筋3階建てに生まれ変わるなんてクリビツテンギョウ。しかも風の噂で自分の部屋が貰えるとか貰えないとか。弟と共同の子供部屋からまさかの棚ぼた一人部屋ゲット。唐突すぎて初めはピンとこなかったです。欲してもいなかったし。なんてお澄まし決めてますが、実際は長男風吹かせて良い部屋をキープしちゃうんだから度し難い。あれは100%弟に譲るべきでした。失敗したなぁ。

古い家がなくなって暫くはしょんぼりモード。予告なく壊され別れを惜しむ間もなかったので。元々あった米屋はひいお爺さんの代に建てられたらしく結構なヴィンテージだったようです（戦前の昭和10年代とのこと）。建て替える前は木造瓦屋根。店には銘柄ごとに整然と米が積まれ、豆類、冷麦等の麺類、飼料や灯油、昔懐かしいプラッシー（オレンジジュース）や米屋サイダーという無防備なネーミングの飲料なんかも売ってました。店から土間伝いに居間や台所や風呂があり、その先が小さな中庭、そして終点の塀という造り。庭には桐の木と日陰の匂い漂う湿った植え込み、使われなくなって荷物置き場と化した縁側、大小完備の便所、二層式洗濯機と緑色の物干し竿、車庫へと続く狭い裏動線が。これらが狭いスペースにぎゅっと詰まっていて、庭というより物置って感じでした。屋外に洗濯機置き場やトイレがあるのが田舎っぽいですよね。確か50坪弱って言ってたかな。それなりに広く、そして少し変わった造りの家だったと記憶しています。

忘れられないのは居間のレイアウト。立派なビルドインの仏壇がありまして、そのすぐ側にテレビが置いてありました。家具調で足の長いレトロなデザイン（※）。昔懐かしのブラウン管ですよ。映えます。えー何が言いたいかというと、配置的にテレビを見ると仏壇も目に入る。これがなんとも居心地悪い。一応、平時は収納されているのですが、それでもやっぱり気配感じちゃうから「ご先祖さまがドリフ嫌いだったらどうしよう」みたいなスリルを味わってました。お坊さんが来た時とかなかなかでしたよ。仏壇×お坊さん×ブラウン管。お坊さんとテレビってビジュアル的な相性が良くないですよね。

ウチは精米所のある米屋でした。2階分の高さがある縦長の空間にタンクやらパイプやらが組まれています。精米機のフォルムや質感が子供の目にはとてもファンタスティック。木造の枠組みに鉄の機械。少し怖いけどカッコいい。電源を入れるとゴウンゴウンと目を覚まし動き出す。毎日シャンシャンシャンシャンシャンと精米の音が家中に響き渡ってました。ふわっと香る米やぬかの匂い。超尊い。小さい頃は精米所に入り浸ってた覚えがあります。これぞ仕事場って雰囲気でした。

コクゾウという小さな虫がいるんですよ。コクゾウムシが正式名称で漢字にすると穀象虫。米に湧くコイツをひたすら捕まえるとか、傷んだ米を選り分けるとか、必要ない掃き掃除をするとか、手伝いながら邪魔するみたいな奉仕活動をしてました。

そういえば、店の手伝いに来るおじさんがいました。毎日ではなく週2日くらい。夕方にやってくる。顔と声の感じから〝桃屋の人みたい〟と思っていたのは内緒です（桃屋のCMに出てくるキャラクターと『サザエさん』のマスオさんの間くらい）。小学校から帰ってくると大抵おじさんは助六をつまみながら休憩してます。居間の上がり口の柱にもたれるように腰掛け、大相撲を見ながら寿司を一つ二つと頬張る。帰宅した私に「ぼっちゃんお帰り」なんて声をかけニコッと笑う。耳に残る声なんです。鮮明に覚えているのはウチのじいちゃんを「元締め」と呼んでいたこと。時代劇で聞くヤツですよね、賭場のシーンとかで。カッコいいなって思ってました。父は確か「大将」だったと思います。そんな桃屋マスオおじさんはいつの間にか来なくなりました。忙しかった一時期だけ手伝いをお願いしていたようです。妙に印象深いのはなんでだろう。

印象深いといえば冬場の石油ストーブ。温風や赤外線ではなく火ってのがいい。取手の焦げたアルミのやかんをかけ、そのやかんからモウモウと蒸気が吹き出す。沸騰して熱い様子を愛知では「カンカン」とか「チンチン」と言いまして、そのチンチンのお湯で作ったお茶がマジで美味い。雰囲気って大事。焼き芋もよく作りました。無造作に置かれた銀色のさつま芋。じいちゃんに渡されるまで我慢です。いつも完璧なタイミングで食べさせてくれました。

そういえば、いつだったかじいちゃんがストーブを背にして後ろ手に暖をとっていたところ、はめていた軍手からモウモウと煙が上がっててアゴが外れそうになったことがあります。蒸気ではなく煙。慌ててレスキューしようとしましたが、当のじいちゃんは全く動じずパッパッと火を払い、また同じ姿勢で暖をとるのでした。熱くなかったのかしら。さすが元締め。

火で思い出したのですが、家の南側に月極駐車場があって、その脇に置かれた古びたドラム缶がウチ専用の焼却炉でした。ゴミをボンボン放り込み鉄の棒でかき回しながらボーボー焼くんです。これが全身から火が出るくらい楽しい。じいちゃんのアシスタントみたいなことをやってたなぁ。ゴミを入れる方です。餅つきでいうこねる方。鉄棒は持たせてもらえなかった。空前の焼却ブームが到来しちゃいまして、我慢できず勝手に一人でやったら烈火の如く怒られました。火力MAX。あのドラム缶すごい好きだったなぁ。

こうして旧米屋の思い出に浸る一方で、徐々に姿を現した新しい我が家は皮肉なことに古い家を忘れさせるに足るインパクトを持っていました。名残は何一つなく、生まれ変わり過ぎてまるで別人のよう。暮らしの土台が全く変わってしまい、ここまで書いてきた日常はほとんどリセットされました。精米所はピカピカになり、仏壇は和室に移動し、石油ストーブはヒーターに変わり、ドラム缶は撤去され、私自身も色々と変化するきっかけとなります。3階に爆誕したマイルームは素晴らしい環境で、声優を目指すマニアックな10代を生み出す温床となってしまったのでした。グヘヘヘへ。

こんな思い出てんこ盛りの櫻井米穀店ですが残念ながら店仕舞しました。2年半くらい前になりますね。正直寂しいです。寂しくないわけないです。親の苦労を知っていますが、それでも寂しくてやるせないです。そこだけは変わらないと何故か思っていました。そんなわけないのに。親の前で大人の自分と子供の自分を使い分けて、気付かないように、見ないようにしてたんです。……歳を重ね、ある程度先を見越せるようになった今だからつい思ってしまうことがあるんですよ。都会に毒された田舎者は少し懺悔の気持ちで自分の過去を振り返るのです。家業を継いでもよかったんじゃないだろうか、その道を歩む自分を想像できなかったんだろうか、仮に私が継いでいたら店はまだ残っていたんだろうか……。所謂後悔ってヤツですね。でもこの後悔は「声優を目指してよかった」という達成感と同居しているのです。互いにストレスなく、至って平和に。悲しみ切れず喜び切れない。なんて自分らしい曇った仕上がりなんだろうとつくづく思いました。いや〜めんどくさいオジサンになっちゃったなぁ。

記憶を頼りに綴ってみました。正確かどうかはさておき、いいリマインドになったように思います。記憶の棚卸しとでもいいましょうか。そんな気分。

因みに、母・文繪から「あんたにこの商売は向いてない」と厳しめの評価を下されたことも思い出しました。高校時代かな。記憶は宝箱でありパンドラの箱でもありますね。

そういえば、古い家を解体した時に「小判が出てきた」という噂が立ったんですよ。アレどうなったんだろう。確かじいちゃんに聞いたら「そんなもん出とらん」と一蹴されたんですよね。はてさて。

今度帰ったら仏壇のじいちゃんに聞いてみましょうかね。

※その昔、テレビとテレビ台を合体させたモダンな商品がありました。まるで家具のような木目調のデザイン。ネーミングも「嵯峨」「金剛」のように壮大。

第十二回　あなたの名前は

突然ですが、昔の知り合いに会ったかもしれません。「かもしれない」とあやふやなのは確証がないからです。

気後れして声をかけることができず、もしかしたら向こうが気付いてくれるかもしれないという淡い期待を寄せてしまったのが運の尽きでした。そのまま何も起こらずエンディングを迎え、「会ったかもしれない」という可能性止まりでジ・エンド。その人だったのかどうか、もはや真相はわかりません。やはり思い切って声をかけるべきだったのでしょうか。でも間違いだったら正直しんどい。マスクを着けていたが故に顔がはっきりわからず、核心へのあと一歩を踏み出せませんでした。「そんなの普通に話しかければいいじゃん」ってご意見もきっとあるでしょう。「○○さんですか？」「違います」「すみません人違いでした」これでいい。これだけのこと。たった5～10秒の軽い接触。脳内シミュレーションは完璧なんです。妄想の自分は実にスマート。でもリアルの世界にそのイメージを再現できない。脳内から現実へドラッグする指がコンビニ脇でご主人待ちするチワワぐらい震えてしまう。別にわかってくれなくてもいいけど、こーゆーのってホントに難しい。台本があったらなぁ、そんな展開が待ってるなんて思わなかったからなぁ、あーあ。

その日はいつも通りのスタートで幕を開けました。目覚まし通りに起きてダラダラ準備し慌てて家を出る。いつもの角を曲がり、散歩中のいつもの黒いペキニーズを追い越し、いつもの駅から電車に乗っていつものスタジオを目指す。アフレコ作業と他愛ない雑談で共演者たちと短いコミュニケーションを図り次の現場へ。切って貼ったような半日。午後のレギュラー収録まで時間があったのでスタジオ近くのスタバへ。店の外からカウンター席が空いていることを確認し、ど真ん中に陣取りました。荷物を置きレジへ向かおうとした瞬間、何というか不思議な感覚を味わいます。既視感とでもいいましょうか。よく来る店だからと流したのですが、注文を終え席へ戻ろうとカウンター席を見やると、やはり何かが引っかかる。戻りがてらカウンター左端の席に目を向けるとどこかで見たことのある後ろ姿。「あーなるほど、だから気になったのか」と合点がいったのですが、それと同時に次の疑問が浮上。じゃあ一体誰なんだろう。

同業者ならなんやかんや気付くはずなんです。面識しかない程度でも認識はできるから、名前は分からなくとも声優だと判断がつく。ところがどうもそういう感触じゃないようで、もしかしたらメーカーや制作スタッフ系かもと推理。PCを広げイヤホンをセットしあたかも事務作業しているかのように見せかけこっそりチラ見作戦。素知らぬ顔して意識は件の人物にロックオン。

勘違いではないと思う。自分の目が覚えてる。知ってる人確率73%くらいの手応え。しかし今日に限ってパッと思い出せない。もう手元なんかそっちのけの割り出し全集中状態。右手で頬杖を突き本を読むその人は小さな動作に終始し、なかなか尻尾を掴ませてくれない。時折携帯を眺めまた本に目を落とす。落ち着いた所作と柔らかな仕草。長い髪がベールのよう。オフィス街にしてはナチュラル・シックな姿なので、この辺で働いてる感じじゃない。

私と同じく合間の時間潰しだろうか。マグカップの乾いたコーヒーの跡は暫く店にいることを物語る。やはりマスクが邪魔で盗み見だとこのあたりが限界なのだが、それより何より自分とその人の間のおじさんサラリーマンがマスク以上におじゃまむし。髪がテカテカの彼がまぁよく動くもんだから気が散るのだ。落ち着きなく体を揺らしては何度も座り直し、椅子にもたれ天を仰いだかと思えば、何か閃いたのか再びPCの画面にかじり付く。気になる指数でいえばこちらの方が勝っているかもしれない。私とおそろのMacBook Airを熱っぽくタイプするのが超気になる。そんなにエモくパチパチしなくても、ピアノじゃないんだから。横並びに同じマシンを開いているから気まずいんだ。同類感出ちゃうじゃないか。こちらに至ってはPCはただのカモフラージュで、YouTubeを見るフリしてスパイ活動してるんだぞ。

頭テカテカの活躍で興醒めした私は、同じく少し冷めたカフェ アメリカーノと生ぬるくなったヨーグルト&バナナグラノーラに助けを求めつつ暫しのYouTube タイム。一息あって着信音とともに前触れなく席を立つテカ男。反射的に目で追うと、同じアクションをとっていたその人と図らずも視線がぶつかることに。「あ!」と息を呑む私の脳内では記憶のテープを巻き戻す音がキュルキュルキュルキュルキュル(ディスクでもデータでもなくテープ)。再生され映し出されたのはおよそ25年前の映像。新宿。ビル群の麓にあるファミレス。なるほど、どうりですぐに思い出せないわけだ。その人は上京当時のバイト先の同僚でした。確か同い年で、シフトが被ってたから自然と友達になりました。新店舗のオープニングスタッフだったこともあってみんな仲良かったんですよ。モーニング&ランチメンバーでご飯行ったり遊んだり。何人か役者・声優志望がいて、ラジオの仕事したとかテレビの再現Vに出たとか、色々刺激を受ける場でもありました。

とても雰囲気のある人なんです。ジブリのヒロインっぽい。凛としてしなやか。飾らず気取らず常に自然体。男女分け隔てなく接するからみんなに好かれる。大人っぽくて包容力があって正に高嶺の花って感じ。惚れた同僚が先輩バイトさんに恋愛相談したところ「手強い相手よ」と半ばフラれる宣告されてしまい渋い顔で凹んでたのを覚えてます。

私はその人の声が耳に残っていて、とりわけ電話越しの声を強烈に覚えています。いつのことだか忘れましたがウン十年に一度のなんちゃら流星群がやってきて流れ星がたくさん見られるらしいと話題になりました。それに煽られ何人かで連絡を取り合って見える見えないの流星群実況をしたんですよ。しかも、当時は携帯がないから家電《いえでん》で。多摩川沿いに住んでた私は街灯の少ない河原へ行って夜空をしばらく眺め、頃合いを見計らって家へ戻り報告するというパワフルな流れ星ウォッチングを楽しみました。「そっちはどう?」「明るくて見えないか」「え!見えた?」みたいなやり取り。その時の電話の声がいつもと違い艶っぽくてドキッとしたんです。ちょっと鼻にかかった困ったように響くアンニュイな声。耳の奥に甘く残る声。明け方まで取り留めなく話した記憶があります。

バイトをやめてからもしばらく連絡を取り合っていましたが、それももう20年近く前のこと。よくよく考えると後ろ姿でピンとくるなんてちょっと気持ち悪いですね。そもそもその人と特定できたわけでもないのに……。あ、そうだ。本人かどうかまだはっきりしてないんだった。その人前提で回想してるけど確証は得られてないじゃないか。でも、さっき目が合ったからもしかしたら向こうが気づいたかも……あ、帰り支度始めた。やっぱり人違いかな。いや仮に本人でもこちらに気付いてない可能性もある。私もマスク姿だ。あーどうしよう、声かけるか。ダメダメ、とっくにタイミング逃してる。いやいや最悪追いかければいいじゃん。「あの、もしかして○○さん?」「いえ、違いますけど」ってバッドエンドしか思い浮かばない。しかし今を逃したら……。もうこれは一か八か行くしか……あ。……あーあ。

結局真相は藪の中。でもこれで良かった気もしてます。「かもしれない」で終わらせて正解だったんじゃないかなって。いい思い出だからそのままにしておくってのも大人の選択の一つでしょう。

なんてカッコつけた割には、舞台となったスタバでこれを書いてたりします。ぼちぼち書き終わるけど、まぁそんな都合よくいきませんよね。期待しなかったと言えば、嘘になりますが……。少しドキドキを味わいたかったのです。

とても子供っぽい出来事を年甲斐もなく楽しんでしまいました。声が聞けたらわかったかもしれないなぁ。

あの時見た2つの流れ星はずっと忘れないと思います。

第十三回　46歳男性声優のルーティン

ここ最近ずっとそうなのですが、何も考えてない時間がとても好きです。喫茶店でぼーっとしたり、スタジオからスタ

ジオまでぶらぶら歩いたり、無心でレコードを漁ったり。こんなことですこぶる満足してます。わずかの間ですが、周りから遮断された世界に身を置いてゆっくり深く呼吸をする。ただそれだけ。欲しいのは充実じゃなく充足。それが今の自分に必要な栄養素だと思います。

かといって止まってばかりでは、いざ走る時に周りのスピードに合わせられなくなってしまいます。感度を下げすぎるのも良くない。人を人たらしめるのは働くことであり、頑張って働いたからこそスローな時間の糖度が増す。成果ではなく時間の方に価値の比重がシフトしてきました。

今回は、そんな心の電圧低めの40代中年声優の生態をお送りします。特に何も起こらない平々凡々の日常ですが、どうぞお付き合いください。

その日の朝は8時にスタート。仕事の入り時間で多少前後しますが、毎朝大体同じくらいの時間に起きます。ここ最近は目覚まし時計をセットしなくなりました。朝の光で目覚めるヘルシーな生活スタイル。カーテンやブラインドがあんまり好きじゃないのです。ベッドで「あと5分」を5回くらい繰り返し、やっと脱出したかと思えば風呂の追い焚きボタンを押して再びベッドへ。酔い覚ましに飲んでた昨夜の麦茶で喉を潤しながらスマホをいじる。スマホは考えものですよね。できれば便利アイテムくらいの存在に留めておきたい。必要不可欠とかにしたくないと思っている今日この頃。いつかスマホなしで暮らすのが夢だったりします。太陽をなぞって生きたい。

追い焚き完了のカノンが聞こえる頃にようやく活動開始。そのまま風呂に入ると思いきや、パソコンを開いてYouTubeを流し見しながら食べたり飲んだり森（編注・連載第4回目で取り上げた某島遊びゲーム）したり（祝1周年）。常に気分で生きているので効率とかあんまり考えないです。入りたくなった時に温かくないのが嫌なだけ。先回りです。朝風呂の目的も、失敗した福笑いみたいな顔とぺったんこの寝癖を直したいくらいのもの。しかしシャワーでは物足りない。たとえ烏の行水でも湯船にダイブしたい。私は急がば回れのつもりが時間の無駄に終わることが多いのですが、それもまた良しと思っています。効率は二の次。

身支度を済ませ時計を確認するともう家を出ているはずの時刻。予定より一本後のやつに間に合うかどうか。大体このパターン。早足で駅へ向かう道すがら、いつもの美容室のガラス窓を鏡代わりにファッションチェック。横目でわかるダサさにテンション急降下。やはりオーバーサイズの服を適当に着てはいけませんね。ずんぐりむっくり。あと、靴選びでしくじってコーディネートを崩壊させてました。朝からバタバタでせっかく整えた髪もボサボサ。これは一日引きずるな。誠に残念ながらこの日はしょんぼりのスタート。口惜しや。家の鏡だとそれなりに見えたのですが、やっぱり陽の光に照らして見ないとわからないんだよなぁ。明日の自分に期待。

なぜか予定より2本遅い電車にそわそわと滞在。時計とにらめっこ。短い乗り換えを経て最寄り駅へ着くや一目散にスタジオへ。開始3分前の到着を「余裕だったぜ」のモノローグで締めくくり、60点ぐらいの挨拶を交わし（元気には見えないけど元気だとわかるくらい）、現場の空気を読みながら仕事の準備を進める。必要なのは台本とペンと私。時々、飲み物。共演者と雑談しながら己をなめし、アフレコ用の映像と台本でギアを上げ、アニメの世界へダイブする。いつも思うのですが、私が欲しいのは藤原啓治さんの心奪う生々しさや、林原めぐみさんの魔法のような表現力や、子安武人さんの異次元の創造力や、坂本真綾さんの凛とした完璧な美しさなのです。関智一さんの無限の可能性も、石田彰さんの悪魔的なリアリティも憧れる。良いものに囲まれて育った私は目と耳が肥えてしまい、自分の表現に満足できなくなりました。こうしよう、ああしよう。こうしたい、ああしたい。こうできたらいいな、ああできたらいいな。作品に寄生して自分の理想を空想する……。あと100年かかるな。来世は金持ちの飼い猫希望。

収録後の空き時間でイベント用の衣装を探しにファッションビルへ（古い？）。服選びもレコード探しと同じく無心への近道。もちろんリサーチなしのフィーリング勝負。窮屈じゃない服、洗える服が好きで、衣装感の薄いチョイスになりがち。汗っかきの悩みです。そういえば、イベントが特にそうですが、パンフレットの撮影や雑誌のインタビューなどでもスマートカジュアルを指定されることが増えました。よそ行き感を求められているのか？　その方が格好つくんでしょうね。自分だけスウェットだったイベントは冷や汗ものでした。

よく行くセレクトショップで物色していると背後に人の気配。「そのパンツ、お兄さん的に気になっちゃってる感じっすか」と、今どき感のある店員から歓迎を受けます。ネタじゃなく現実でこういうフレーズを耳にするとは……。もちろん「気になっちゃってます」と答え、いそいそと試着し購入。これはエピソード代込みの買い物だな。君には花丸をあげよう。ショッピングの価値は買うまでにある。

次の現場へ向かう電車で食事を取ってないことに気づき、駅ナカのカフェでコーヒーとややこしいネーミングのパンを購入。味も複雑で美味しいかどうかわからない。安パイにすればよかった。私にはままあるのですが、店内をウロウロしているうちに何を食べていいかわからなくなり、結局何も買わずに店を出ます。変でしょうか？　袋詰めのご飯は難しい。

夕方からはゲームのお仕事。小さなブースに一人こもる。狭い方が居心地良くて私は好きです。気が散らないし、人目がないから羽を伸ばせる。アニメや外国映画のアフレコは集団芸の立ち仕事。一方、ゲーム等のぼっち仕事は着席しての労働が多い。まるで祝詞《のりと》かまじないのようにひたすらセリフを読み上げる。ヘッドホンで自分の声を聞きながら収録するのですが、私はこのやり方がちょっと苦手で、できれば自分の声を聞きたくありません。一つ目の理由は、自分の粗と弱点がはっきり見えてしまうから自己採点が辛《から》くなる。気になって仕方ない。極端な例ですが「あだたのたべです（注：あなたのためです）」なんて耳元で聞こえてごらんなさい、そりゃ凹みますって。超ストレス。そして二つ目は、たまになのですが、猛烈に眠くなることがあるんです。数年前、ゲームの収録でトリップして、意識がない中セリフを読んでいたことがありました。スタッフさんには「大丈夫でしたよ」と言われたのですが、そこだけすっぽり意識が剥がれ落ちてる。自己暗示とか催眠術のような状態なのでしょうか。謎。これも進化か？

元気に収録を終え、スタジオ近くにあった無印良品で買い物タイム。私は、毎日がスペシャルと言わんばかりにホイホイ自分にご褒美を与えます。安価で好きな物が効果的。収納ケースとかポーチとか堪らなく好きで、ケースを入れるケースや、ポーチを入れるポーチを買ってしまうくらい。ああ、無印良品に住みたい。

飾るだけのアクリル収納ケースと「素材を生かしたカレーバターチキン」×2と所さんが勧めてた「レモンジャムサンドクラッカー」を買って退散。好きな歌を聴きながら電車に揺られ家路に就く。この時間が至福です。今日はもう何も考えなくていい。来た道を戻るだけ。

松屋で1杯目と夕飯を済ませコンビニで買い物をして帰宅。楽ちんモードにチェンジし、翌日の仕事の予習をやっつけ、YouTubeをアテにジンソーダをあおる。時計は23時を回ったばかり。あと4時間はイケる。自分が見たいものを見て、自分が聴きたいものを聴いて、だらしなく時間を費やす。割り用の炭酸を2本空けたところで口淋しくなり、食料のストックからスナック菓子とサバ缶をチョイス。時間も時間なので後ろめたさを感じるけど、明日食べる分を減らして帳尻を合わせるから大丈夫でしょう。

深夜2時を過ぎたあたりで入浴。入浴中もYouTube。寝落ちしてスマホを水没させたりとかしてません。風呂上がりに乾燥肌用クリームを足や腰に塗りたくり、顔にも液体を振りかける。こういうケアをしなきゃいけなくなりました。スナックとサバの油でなんとかならないものかと本気で考える。鏡に映る自分は朝のそれとは違い煤けて生々しい。でも、悪くないように思う。そういえば、私は自己評価は低いけど自己肯定感は高いと、知人に指摘されたことがあります。それって良いことなんでしょうか。はて。

寝支度を済ませベッドへ潜り込みまたYouTube。うーむ、スマホなしの生活は無理っぽいなぁ……。ぼんやりとした月明かりを見ながらそんなモノローグ。あ、よく見たら満月だ。少し青みがかった、夜空に貼り付けたような月。月の光も悪くないな。満ち欠けしながら暗い夜を照らす。なんとなく自分っぽい。太陽で目覚めたいのに月まで求めるなんて欲張りすぎですかね。

あ、もうこんな時間。そろそろ寝ようかな。
それでは皆さん、また次回。

第十四回　拝啓、眼鏡様

このエッセイのタイトルは「ロール・プレイング眼鏡」でして、この眼鏡というアイテムは私には欠かせない物です。これが初期装備の中にあったのは本当にラッキーでした。眼鏡のお陰で今の自分があると言っても過言ではありません。仮に私のフィギュアが出るなら眼鏡パーツは少なくとも3種類は欲しい。そこまで言うのなら眼鏡のこと書かなきゃ。いつ書くの？今更でしょう。

お察しの通り今回は、私と因縁浅からぬ眼鏡について綴ります。さて、皆さんの御眼鏡に適いますでしょうか。よしなに。

私の眼鏡は伊達眼鏡です。矯正目的で使用しておりません。２０２０年８月調べですが、視力検査の結果は両眼ともに１・５でした。検査の「Ｃ」マーク（ランドルト環と呼ぶそうです）が滲んで見えて、遂に視力が下がったとしょんぼりする私に、真顔の看護師さんが「加齢性の遠視です」と教えてくれました。「老眼」のフォーマルな言い方です。ガビーン。目を細め文字を追う顔が父・武司にクリソツ。バッチリ遺伝してました。

おそらく、子供時代の私の視力は２・０以上ありました。視力検査なんか余裕綽々で、さらなる高みにチャレンジしたくてうずうずしてたくらいです。目のストレスを一切感じたことがなく、何だったら漫画やアニメの影響で眼鏡に強い憧れを抱く始末。ですます調で話す知的な眼鏡キャラに超憧れて、「中学生になったらキャラ変して敬語でいこう」とか本気で考えてました。恥ずい。子供の頃から粗雑で言葉遣いが荒かったからその反動かもしれません。……話が逸れるんですけど、声優を目指してからこっち、幾人かのボク呼びの女性と出会いました。一人称が「ボク」の女性です。「僕」ではなく「ぼく」でもなく「ボク」と、私の耳には響いてましたが、あれも漫画やアニメの影響なのでしょうか。

閑話休題。大人になってもお目々は快調そのもの。いつも代々木駅で、向かい側のプラットホームの時刻表でセルフ視力検査してました。確かその頃、母・文繪から「あんたは目（視力）と声がちょっといい。全部私のおかげ」と、母味強めの評価を頂戴しております（母味は〝ははあじ〟か〝ママみ〟で。ウチの母はミルキーでいったらバスケットボール大です）。冗談めかしてますが、それくらいしか特徴がなかったのは事実。声もまだなまくらでした。

そんな私がひょんなことから伊達眼鏡を掛けることになります。それは、事務所からの指示でした。81プロデュースのジュニア（＝仮所属）になった私は、思いがけず芸名にするか否かの打ち合わせに参加することになります（芸名を使う声優は少なく、全体の2割程度かと）。寝耳に水とはこのこと。既に同姓の役者さんが所属していて、変えたほうがいいのではという意見が出たようです。事務所近くの居酒屋へ呼び出され、社長と私を含めた4〜5人のメンバーで飲みながらの話し合い。芸名カッコいいなと思っていたので割と乗り気だったんですけど、「櫻の字が旧字体で珍しいからこのままでいいんじゃね？」という結論であっさり幕を閉じます。拍子抜けもいいところ。今思えば、頑張って芸名にしておくべきでした。母方の苗字を使うとか、カタカナ表記にするとか、いくつかのアイデアがあったんですよ。これこそ今更ですけどね。

本題。その打ち合わせの席で当時の制作部長さんが、酔いが回って目の据わった私に向かって「そんな目つき悪いと売れるものも売れないから、そうだな、眼鏡でも掛けろ」と前触れもなく告げたのです。業務命令には逆らえないし、売ってもらわないと困るので、その足でジーンズメイトへ行き、1000円の伊達眼鏡を購入。律儀にも翌日から装備開始しました。眼鏡レベル1。掛けてみて分かったのですが、頭痛くなるんですよね、眼鏡。こめかみを圧迫されるし、レンズの反射が煩わしい。早く慣れようと頭痛に耐えながら普段使いしてました。どんなデザインだったっけなぁ……。

そんな、なんちゃって眼鏡ライフを送り始めた私に、前々回で書いたバイト先のヒロイン女子がアンダーリムのおしゃれ眼鏡をプレゼントしてくれました。確か誕生日。掛け心地やレンズの質が格段に良くなり、眼鏡レベルが20くらいアップ。四半世紀前のアンダーリムデザインは珍しくてインパクトありました。以降、ヒロイン女子眼鏡期に突入し数年続きます。撮影でも掛けていたので、対外的にも眼鏡の印象が付き始めた頃かもしれません。

当時、伊達眼鏡を普段使いしてる人は周りにおらず、ドラマで流行ったから掛けるとか、衣装として使うとか、おもちゃっぽいデザインのものでキャラ付けするとか、そういう小道具ノリのアイテムでした。よって、しれっとそれっぽく掛けている私は、伊達という認識をされにくかったのです。『金色のガッシュベル!!』というアニメの収録時のこと。その日は眼鏡との折り合いがイマイチで、外して収録に臨もうとしたところ、「あなた、大事な物忘れてるわよ。私もよくやるのよ~」と大ベテランさんがニッコニコで手渡してくれました。これは想定外。いやぁ面食らいました。それをきっかけに場がちょっと盛り上がっちゃって、とてもじゃないけど「伊達です」なんて言えない空気に。そうだと知っている共演者のニヤつきを尻目に、私は半笑いで礼を述べ、役に立たないそれを掛け本番を迎えましたとさ。……そりゃあなた、しっくりこない日もありますよ。だって目いいんだもん。

こんな感じのひとくちエピソードが連なって眼鏡の印象が浸透していきます。雑誌のグラビアやイベントへの出演なんかが増えたことも大きかったですね。露出の機会がそれなりにあったのも、眼鏡がトレードマークというイメージ付けに一役買ってくれたように思います。結果、アニメやラジオドラマで「眼鏡×ですます調キャラ」に起用されたりして、子供の頃の憧れが違った形で現実になるなんて経験もしました。たまたまかもしれませんが。

じわじわとキャリアを積みながら30代に突入し、いよいよ眼鏡レベルが35くらいに達した私は、「眼鏡が本体で私は眼鏡置き」「ウソ眼鏡」「眼鏡を掛けてないと気付かれない」等、自ら伊達眼鏡をネタにし始めます。そこには、そうすることで生きやすい環境を作ろうという狙いがありました。人は他人の美点より弱点を好む傾向にあって、例えば、相手の好きな食べ物より嫌いな食べ物の方が印象に残りませんか？　弱みや泣き所にほど人間味を感じ、愛着や親近感を覚える。私の眼鏡はただの飾りで弱点ではありませんが、漢字が読めないとか、リアクションが変わっている等に近い、ある種の隙のようなものになり得ると考えたのです。小さい頃から集団の中で一人浮くことが多く、それが嫌で嫌で仕方ありませんでした。理由が分からないから回避する術《すべ》が見つけられず、人目に付かないよう息を潜めて生きてました。結果、見事なモブキャラが完成し、望んだ通りのくすんだ青春を歩みます。そんなモブが紆余曲折を経て、伊達眼鏡という武器を手に入れ、意気揚々と打って出られるようになったのです。

私個人の見解としましては、タイミングとイロモノ感が良かったんじゃないかなと。声優ビジネスが花開いていった１９９０年代後半から２０００年代の時流に合っていたように思います。物で色を付けるってちょっと邪道というか、横道感があるけど、それが無難な眼鏡だったのが、結果としていいチョイスだったんだろうと。加えて、事務所サイドの要請だったのも大きかった。ＲＰＧっぽく例えるなら、旅立ちの村でゲーム終盤まで使えるキーアイテムを貰っちゃった感じでしょうか。ラッキーすぎて、バグに近いですね。機械の不具合のお陰で低いレベルのまま先のストーリーへ進めてしまったようなもの。生き残れたのは奇跡かもしれません。
以上のように、言われるがままなすがまま、成り行きに身を任せていたら、巡り巡って自分のエッセイのタイトルまで眼鏡を掛けることに……。その名も「ロール・プレイング眼鏡」です。大事なことは2回言う。是非覚えてから続きを読んでください。

あれから20年近く経ち、忘れたら家へ取りに戻るほど必需品となった眼鏡。苦肉の策だった眼鏡大作戦でしたが、気付けば常時20本以上の眼鏡が手元にあるようになっちゃいました。年1～2本くらいのペースで新作を追加してます。今や眼鏡は「アイウェア」ですからね。私の味気ない顔に味方してくれてます。歳を取るにつれ、若い頃は似合わなかった丸眼鏡なんかも様になるようになりました。楽しい眼鏡ライフ。もう少しでレベル50くらいでしょうか。人生何がどうなるか分からないものですね。

ここまで書いて思い至ったのは、私にとっても眼鏡は矯正器具だったということ。視野が狭く、近くも遠くも見えてなかった私の視界を良好にしてくれました。ついでに、あやふやだった自分のシルエットをくっきりとさせてくれたようにも思います。眼鏡様様。自分のフィギュアなんておこがましい。私は眼鏡置きで十分です。

これを読まれるのはちょっと恥ずかしいかもしれません。未熟な自分に赤面する思いです。原稿を書き終えた私は、掛けていたハズキルーペをそっと置き、苦笑とともに浅いため息を漏らすのでした。

眼鏡じゃないんかい。

第十五回　癖癖の癖（読み方自由）

質問です。皆さんは何かコレクションしている物はありますか？　私の周りに収集癖があると公言する人はいないのですが、しかし、よくよく話を聞くと「いや、それはもうコレクションなのでは？」と異議を唱えたくなることがあります。わかりやすい例を一つ。「何か集めてる物ある？」という質問に「特にない」と答えた人が30足近いスニーカーを持ってました。毎日違うスニーカーでひと月いける量。「集めてるじゃん」と指摘したところ「集めている訳ではない」という返答。ここがポイントで、自覚のあるなしをどう扱うのか、「好きだから買う＝集まっちゃった＝コレクター」と言えるのか……なのです。例えば「ペン」はどうでしょう。書けりゃなんでもいいという人がいれば、メーカーで選んだり色を揃えたりとこだわる人もいて山ほど持ってたりします。スニーカーに近いとこ

ろで服もそう。仮に黒い服を20着も持っていたらちょっとしたコレクションだと私は思うのです。が、はたから見てそうであっても当事者が違うと言うのであれば、やはりそれは集めてるということにはならないのでしょう。

私はどんな物にもはっきりとした好みがあり、それに準じてチョイスしています。例えば、白のハーフパンツを5～6着持っているのですが、それぞれの特徴や良さを理解して揃えたのであって何でもいいわけではありません。「こういうの好きでしょう」的な当て推量は、こっちとしては「全然違う」なのです。高けりゃ良いってもんではないし、チープだから悪いとも思っていない。自分にしかわからない狭いストライクゾーンが存在し、辛めのジャッジで取捨選択を繰り返しているのです。象徴的だったのが、その昔、友達プレゼンツの「何をプレゼントしていいかわからないオブ・ザ・イヤー」を受賞したことがあります。光栄の極み。迷いまくった友人は名古屋までの新幹線のチケットをくれました。もちろん片道。斬新。

私の肌感ですが、昔からコレクターって人種はよく思われていない節がありまして、肩身狭く生息しております。スニーカーの彼もコレクター認定されるのを嫌がってました。「僕は履くので」だそうです。コレクターをどう認識してるのかよくわかるコメントですね。そんなに悪いもんじゃないと思うんだけどなぁ……。

以上の前置きを踏まえまして、今回は自分のこだわりや偏り、理解されにくいマニアックな趣味嗜好のルーツをご紹介します。いびつな内容ですが、どうぞお付き合いください。

触れ込み通り、私には収集癖があります。今はレコードにご執心ですが、以前はブルボンキーホルダー（※1）やアンティークの悪魔像（※2）なんかも熱心に集めてました。身近な物から他人には理解を得られないような物まで、一つのカテゴリー内で種類が豊富という条件さえ満たしていれば何にでも必ず一人はコレクターがいると思っています。競争がなくてもコレクターは生まれる。金銭的な価値のあるなしに左右されないコレクションがこの世には山ほどあるのです。

私の癖が端を発したのは小学校低学年の頃。『機動戦士ガンダム』のプラモデルを近所の文房具屋で「並んで買った」という経験が引き金になります。当時のガンプラは大人気で簡単には手に入りませんでした。朝早くに配られる整理券をゲットし番号順に待機するのです。並ばないと買えないというイベント感に得も言われぬ興奮を覚えた少年櫻井は、いつもの文房具屋がまるで知らない店のように思えてしまうフィーバーっぷり（時は昭和50年代。田舎の文房具屋は模型やゲームソフトなんかも取り扱ってました）。店に入ると目の前には整然とディスプレイされた統一感ある美しいデザインの箱たち。まさに宝の山。喉から手が出るほど欲しい。が、少年櫻井を更にエキサイトさせたのは、目と鼻の先で繰り広げられる男たちの戦いでした。上気した大きいお兄さんたちが雑なジェンガのように次々と箱を奪っていく。逡巡は命取り。そこはたった1秒で戦局が大きく変わってしまう戦いの舞台だったのです。町の文房具屋なのに。その異様な熱気に当てられた少年櫻井の中で何かが爆ぜました。未知の感覚。快感と言ってもいいかもしれない。ほんの30分程度の出来事が私を改変したのです。

終戦を迎えて帰途に就く少年櫻井の手には念願のガンプラが。初陣の戦果は、「武器セット」

というその名通りの武器の詰め合わせキットと、「ボール」というこれまた名前通りのパッとしない球状のメカでした（作中では支援ポッドと解説されてます。目玉にマジックハンド×2と大砲をくっ付けたようなデザイン）。薄味の注釈でお察しでしょうが、そうです、残り物です。だって、パーツの詰め合わせと、サッカーよろしく蹴られて爆発するやられ役ですもん。強めのファンに怒られそうな言いようだけど、あの頃は作品ファンからも切ない目で見られていたのですよ。例えるならニッキやハッカの飴、うぐいすパン、コーヒーゼリーのような味わい。子供にはちょっと早い口当たり。

ところが。ところがですよ、これが少年櫻井になぜかマッチしまして、目に飛び込んできた未組み立てのプラモデルに妙な美しさを感じてしまったのです。ルンルン気分で組み立ててはみたものの、ただの武器とボールになってしまい開封時を超える感動を得られず。翌月、再び戦地へ赴き、新たに武器セットとボールを手に入れ、今度は未組み立てのまま学習机のいいポジションに飾りました。武器セットの箱×2とボールの箱×2。哀愁漂う並びですが、私流のお店の再現でした。

この肌が粟立つような体験は私を開眼させ次のステージへ。新たなターゲットはガチャガチャと食玩。ガチャガチャはキン肉マン消しゴム、通称キンケシで、食玩はビックリマンチョコのシールにのめり込みます。キンケシは1回100円で3体、ビックリマンシールは1つ30円で1枚が手に入る寸法。おおよそ30円で1体 or 1枚の計算。昭和の小学生にはかなり高価なシロモノですが、キンケシは消しゴムなので文房具という大義名分を振りかざしてゴリ押しし、ビックリマンシールは母や祖母の買い物に付き添い、手伝うフリしてそっとカゴに忍ばせるというテクニックで対応。キンケシは色ごとに分けて飾るかカプセルのまま保管。ビックリマンシールは専用のバインダーに収納。行儀良く並んだ消しゴムとシール。グッドルッキングなその様を眺めうっとりしてました。

この勢いは衰えず、「標的を見つけては集める」を繰り返してましたが、自分の部屋ができた中学生の頃から奇妙な方向に変化し始めます。手に入れる喜びと同じくらい、綺麗に並べる喜びを感じるようになりました。〝目に美しければ良し〟が基準の収納方法は仕舞うと飾るのハイブリッド。机の引き出しを開けると文具やら雑貨やらが謎の法則で並び、押し入れを開くと号数順にびっちり並んだゲーム雑誌や、縦に積まれた漫画本や、未組み立てのプラモデルコレクションがひしめく。挙句の果てに、さして興味のなかった服にまで手を伸ばし、タンスの引き出しピッタリのサイズに畳んで並べ出す始末。ここまでくると病的と言っても過言ではないでしょう。

上京して一人暮らしを始めてからは収納用品にもこだわり始め、先の白いハーフパンツのように自分にしかわからない違いも楽しむように。「あのケースにこのケースがちょうど3つ収まるなぁ」とか無意識に考えるようになります。入れ物を入れ物に入れる。誤植ではありません。まるでマトリョーシカです。この時期にはもうレコードを集め始めており、レコードを入れるケースにもこだわってました。まさか収集癖から枝分かれした、言わば収納癖がこんな育ち方をするとは……。

改めまして。私には収集癖とともに収納癖があります。綺麗なケースや容器にルールに則って物を並べるのがたまらなく好きです。同じ種類で揃えたり括ったり、そういう自分だけのリズムを作るのがとても楽しい。たくさんマスのある大きな棚に色んなケースを並べ、そのケースの中には少し小さいケースがあって、その少し小さいケースの中には更にたくさんの小さいケースが詰め込まれている。そして、その一番小さいケースの中に、やっと、しまわれている物を見つけることができる。でも、それは宝物でも思い出の品でもなんでもない、ただ綺麗で小さいだけの物だったりします。しまうためだけに存在しているのです。

ケースやポーチが好きと以前書きましたが、成り立ちはこんなふうにちょっと醜さがあります。これって偏愛？　それとも変態？　ま、どちらでもいいんですけどね。

好きな物に囲まれて生活するのはとても豊かで贅沢なこと。だけど、ほんの少し息苦しい。望んでそうしてるのに物に支配されているような錯覚もある。不意に全部放棄したくなるのは過剰摂取からくるアレルギー反応のようなものでしょうか。

物へのこだわりを愛情と表現するのは避けたいのですが、それに近い感触があるのは事実。やっぱり私は好きなんですよね、買ったり集めたりすることが。それをいいと言える、価値を見出せる自分のこれまでの人生に、何かしらの価値があるように思えるのです。

改めてお伺いします。皆さんは何かコレクションしている物はありますか？

※1　ブルボンキーホルダー●1960年代を中心に企業のノベルティとして作られたキーホルダー。ブルボン社製が人気で世界中にコレクターがいる。

※2　アンティークの悪魔像●欧州発祥の悪魔モチーフの鉄製品。コック・ア・スヌークデビルと呼ばれる「あっかんべー」をした彫像や、喫煙具や燭台など火にまつわる道具にデザインされたものがある。西洋では火事の原因が「悪魔の仕業」と考えられていた時代があり、そこに着想を得たらしい。

第十六回　あの人との記憶

声優になって25年が経ちました。人生の半分以上をこの仕事に費やしているなんてと、しみじみ振り返ってもいいタイミングなんでしょうが、実際は上の空。どこか他人事なのは熱意に欠ける性格によるものか。照れでも恐縮でもない、そういう真っ当な理由じゃなくて、まるで誕生日当日のような居心地の悪さです（誕生日もクリスマスもバレンタインも苦手）。自分のような半端な人間がよくもまぁここまでやってこられたなと、意地悪に労うぐらいがちょうどいいです。

とは言え、その事実はとても誇らしくあり、そしてとても有り難くもあって、他に取り柄のない私のただ一つの勲章となっています。中学時代の教師にかけられた〝声が声優っぽい〟という言葉だけを頼りに飛び込んだ割には健闘しました。革靴で山登りに来ちゃったような恥ずかしさを味わいましたが……。

私のこれまでは大体が後付け。今でこそ自分流を気取ってますが、それはほとんどが影響の産物。いや、影響を通り越して拝借したと言ってもいいでしょう。弁当を忘れたヤツが友達から一品ずつもらってオリジナル弁当を完成させたようなもんです。借りパクの集大成、そう、それがこの私なのです。

後付けでもなんとかやっていけるもんだなぁと、25年間の答え合わせをしたところで本題。今回は、私にとっての勝手な出会いを綴ります。弁当を分けてくれた人たちってことですね。共有していない、私の一方的な記憶。私の中だけにあるその人たちをご紹介します。どうぞお付き合いください。

まずは三木眞一郎さん。私が81プロデュースに入りたての頃からお世話になっている先輩で、たくさん影響を受けた人です。三木さんの声が産湯代わりでした。三木さんはとにかくストイック。「ちょっと太った」と言うので「どのくらいですか?」と聞いたら「200グラム」という強烈なスマッシュを返してくる人です。肉じゃないんだから……肉か。

デビューから暫くは人を見て吸収してました。アフレコは見ようによってはライブでありセッションです。ペーペー時代はかぶりつき席のお客さん気分でそれを眺め、演技以外のノウハウを自分サイズにして取り込んでました。生意気にも〝使える・使えない〟の判断で情報を集めていた私の目に焼き付いてるのは、本番でマイクを吹いてしまったことを誠実に謝罪する三木さんの姿でした（別項で解説）。それは『快感フレーズ』というアニメーション作品でのこと。本番終了後のリテイク（録り直し）でミキサーさんから「三木さん、〇〇カット、マイク吹いちゃったんでもう一回ください」と指示が出ました。それに対し三木さんは、「え！　申し訳ない、ごめんなさい、本当にすみませんでした」と、やや過剰とも取れる返答。これが気になり飲みの席で問うてみたところ、三木さんの回答は「ミキサーさんの仕事はとても繊細。我々の芝居をベストの状態で録音しようと心を砕いてくれている。それに対しマイクを吹いてノイズを立てるのは失礼」というシビアなものでした。収録中のアフレコブースはセリフ以外の音を立ててはいけない環境。とてもデリケートな空間です。なので、移動や発声の動作で起こる衣擦れや雑音、リップノイズやマイクの吹き等を気にしながら、私たちは世界を救ったり滅ぼしたりしてるのですが、正直ままあることなのです。そこに甘んじない三木さんの姿勢にプロフェッショナルを感じ、以来私の中の指標であり教訓となっています。

似た感触の三木節をもう一つ。「演じる」という言葉を自ら発しないことも、私は影響を受けコピーしてます。これは個人の見解であって正解はありませんが、その人のスタンスが窺えるポイントかもしれません。声優は声で表現するのが仕事です。収録を経て、完成された映像では劇中の人物の言葉に昇華されています。つまり、私がおそ松の声を出しているのではなく、おそ松が声を発しているのです。こういうロジックから「演じる」という言葉をチョイスしない声優もいます。かく言う私がそうで、間違いなく三木さんの影響下にあります。他にも「書き込むのではなく読み込むのが仕事だから」と台本にほとんど書き込みをしないのも（私はバリバリ書き込みます）、「後輩ができたら奢ってやんな」と飲み代を払わせてくれないのも三木イズム。かっこいいんですよ、三木さんは。

三木眞一郎さんは画家のようだし修行僧のようでもあります。三木さんの声には哀愁と孤独が漂い、ほんのり狂気を孕んでます。それに加えてコメディアプローチも絶品。私は三木さんのウィットに富んだ味付けがとても好きで、あんなふうにできたらいいのになとずっと思っています。三木さんの持つマッドさとユーモアは、今の若い世代には獲得しにくい能力かもしれません。異国的でクラシカル、そんな影と深みを感じさせてくれる人です。

続いては小野坂昌也さん。小野坂さんも新人の頃に出会った先輩の一人で、強めのカルチャーショックを受けました。やっぱりラジオですね。私のラジオの師匠といえます。二十代中頃に参加してた文化放送の『まさや・かおりのらぶ×2エモーション』という番組でのこと。どういう流れか忘れましたが、「櫻井くんは今から銅像だから動いたらアカンで」と謎の通告があり、気付いた時には顔にシェービングクリームを塗られ、金だわしでゴシゴシ擦られてました。まさか、そんな視覚に訴えかけるノリでくるなんて……ラジオなのに。それまでの経験が何の役にも立たないまさかの展開。小野坂さんは爆笑でしたが当の私は苦笑い。そういうノリのラジオも聞いてたけど、まさか自分にお鉢が回ってくるとは。鼻の穴にクリームを入れようとするんですよ、金だわしで。以降、このラジオ周りの仕事で鍛えられ、ラジオ筋肉っぽいものを手に入れることに成功。死ぬほど辛いカレーを食べる、長いチューブでコーラの早飲み、終いには互いのげんこつを互いの口に突っ込み合ってました。何かにつけ食べてて、確か同番組絡みのイベントで名古屋へ行った帰りの新幹線だったと記憶しているんですけど、前触れなく「ひたすら食べる」という遊びが始まったんですよ。主催者はもちろん小野坂さん。悪ノリというかおもしろというか、あるじゃないですかそういうの。「櫻井くん、天むすって知ってる?」「いえ、初めて聞きました」これをひたすら繰り返す。味噌カツ、エビフライ、赤福、カッチカチのスジャータアイス、ういろう、うなぎパイなどなど、とにかくひたすら食べ続ける。いや、マジで死ぬかと思いました。ところが、話はここで終わらない。なんと小野坂さんはその後、大人気番組だった『学校へ行こう!』のナレーション収録に行ったのですよ、しかも平然と。驚愕です、こっちは帰るので精一杯なのに。夜の東京駅で呆然と見送ったことをうっすら覚えています。

ラジオ以外で鮮明に記憶しているのは、『赤の神紋』という音声ドラマ作品で共演した時のこと。私は「天才舞台俳優」という役柄に気後れし、ずっと台本と睨めっこ。そこに小野坂さんが「ええなぁ櫻井くんの役、やりたい放題やん」と空前の一言。え、嘘でしょ。……ダメだ、参りました。このメンタルは持ち合わせていない。降参です……。怯む私に小野坂さんはあれこれとアドバイスをくれて、収録後には「よかったで?」と労いもくれて去っていきました。かっこよくないですか、小野坂さん。

小野坂昌也さんは王様。善良にもなるし暴君にもなるし、なんだったら裸にもなる。とても自由で、それでいてルールがあって、ちゃんと人間を見ている。優しくて頼り甲斐があるのでイベントなんかで一緒の時はワクワクします。が、同時にドキドキもしています。「コントとミュージカルがやりたいねん」と無邪気に言い出す人なので……。

最後は鈴村健一くん。三木さんも出演していた『快感♥フレーズ』で共演し知り合いました。彼は同い年で、しかもたまたま同じ沿線に住んでいたので早々に打ち解け、帰りの各駅停車で自分たちのこれからを熱く語り合うなどという青い時代を共有してました。青春。打ち上げ旅行の下見にわざわざ箱根まで行ったのはいい思い出です。グリーンプフザ箱根で湯に浸かって帰ってきました。いい時代だった。

鈴村くんは唯一無二の声を持っています。朗らかで強い。温和や優しいとは少し違う柔らかさを感じさせる声。「穏やか」や「円い」なんかも似合います。私は声優としての鈴村健一くんをリスペクトしてますが、彼はそこだけに留まりません。豊富なアイデアとビジョンを持ち、それを実現できる行動力を備え、そして次々に形にしています。わかりやすいところだと、私は彼の事務所に所属しており、彼は私の雇い主という関係性でしょうか。独立の話を初めて聞いた時は驚きましたが納得のほうが上回りました。一体いつから計画し準備していたのか。彼らしい不言実行です。

思い返してみれば、随分と昔から鈴村くんの「らしさ」を知っています。件の『快感♥フレーズ』の頃、下北沢のファーストキッチンで「特撮っぽい映像を作らないかい」という鈴村くんのアイデアで盛り上がったことがありました。実現には至りませんでしたが、若い頃からそういうクリエイティブなマインドを彼は持っていました。またある時は「ユニットを作るから一緒にやらないかい」と楽しそうな企画に誘ってくれました。私はその輪に加わりませんでしたが、そうそうたるメンバーとともに前衛的なコンテンツを作り上げ、大きな実績を残しました。また別のある時は、「全編アドリブの舞台をやらないかい」とまたまた楽しそうな企画に誘ってくれました。スタートからゴールまでアドリブ。そんなチャレンジングな企画に私を誘ってくれたのです。嬉しかったですね。そして楽しかった。彼らしい有言実行の数々でした。

鈴村くんは0から1を作り出す力があります。「ないなら作ればいい」と言ってのけるのです。台本がなければ身動きが取れない私とは違い、鈴村くんには創造する力がある。真似てみようとトライしたこともあるけど無理でした。来世だな。

振り返れば、大事なタイミングで声をかけてくれていて、それは友達だったり仲間だったり、はたまた信頼だったり信用だったり、そういうポジティブな関係値があったからなのかなぁと、柄にもなくエモく受け止めています。私は恵まれていたんですね。かっこいいなぁ、鈴村くん。

いつだったか母に「あんたは凡人、鈴村さんは天才だから、必死に食らいついていきなさい」と言われました。その言葉通りになってます。

これを書きながら、どこかの誰かも私のことを「かっこいい」と思ってくれてたりするのかしらと5秒くらい考えましたが、5秒も考えてしまったことを後悔しました。こういうとこダメね。ダサい。

今の自分があるのは自分以外の人のお陰。出会えたことに感謝です。

「マイクを吹く」とは、呼気がマイクに当たり起こるノイズ。また、唾液が原因で起こる口中のノイズを「リップノイズ」といいます。

三木眞一郎●緻密で大胆。日本人離れした感覚と風貌のカリスマ的存在。毛皮ルックの三木さんを目撃した新宿駅地下のコンコースはパリのメトロのように見えました。『ポケットモンスター』(コジロウ)、『傷物語』(貝木泥舟)、『頭文字D』(藤原拓海)など。

小野坂昌也●いつでも、どこでも、誰とでも面白い。朱に交わらない孤高の人。トランプのジョーカーのような、無敵さと危うさを感じる人。『TRIGUN』(ヴァッシュ・ザ・スタンピード)、『テニスの王子様』(桃城武)、『よんでますよ、アザゼルさん。』(アザゼル)など。

鈴村健一●男らしいイメージを持っているのは私だけでしょうか。相対性理論の本を面白いと言っていたからきっと賢い。犬が好きすぎる。数少ない友達です。『銀魂』(沖田総悟)、『おそ松さん』(イヤミ)、『銀河英雄伝説 Die Neue These』(ヤン・ウェンリー)など。

第十七回　イヤホン越しの再会

皆さんは怖い、あるいは不思議な体験をしたことがありますか？　夜のトンネルで発光体を見たとか、写真に変なものが写ってたとか、そういう類いのやつです。信じるか信じないかはあなた次第ですが、私はこの手の経験が少なからずありまして、実際に味わった身としては信じざるを

得ないところだったりします。気のせいや勘違いではありません。科学者には脳の誤作動とプラズマで片付けられそうですけど、でも本当に説明のつけられない出来事を私は体験してきたのです。

始まりは私の保育園時代まで遡ります。周囲に「誕生日が2つある」と話していたのがどうやら出発点。誕生日は1つだよというツッコミに対し、「生まれた日と誕生日が違うんだよ」と不可解な回答をしていたそう。この話は小学生の時に母から聞きました。ところが、中学時代にこの話を母に振ったら、「私、そんなこと言ってないわよ」とまさかの返答。そんなバカな。絶対に言ったんです。それなのに言ってないことになってるのが怖くてしょうがなかった。言われた当人は、そのシチュエーションすら覚えているのに、母の友達に「気持ち悪い」と言われしょんぼりしたのに……。

というわけで今回は、シーズンは過ぎましたが私が体験したホラーなエピソードをご紹介させていただきます。所謂怪談ほどの怖さはないのでご安心ください。少し冷やっとしてもらえれば……。そうそう、怪談ってお盆が由来なんですね。風鈴や打ち水のように涼を得るための夏の風物詩だとばかり思ってました。凡ミスならぬ盆ミスです。

一口に怖いと言ってもいろんな怖さがあって、霊やお化けはもちろんのこと、なんなら「生きている人」にも恐怖を感じることがあります。その昔、〝鯉のエサ10円〟と書かれた貼り紙を見て10円玉をバシャンバシャン川に投げ込むおばあちゃんを目撃した時は震えました。「鯉のエサを10円で売ってますよ」と、その場の様子でわかりそうなものですが。確か10枚くらい放り込んでました。他にも、土曜の一斉下校の時にいつも同じ溝で用を足してるおばあちゃんや、鼻血を止めようと鼻をかんでもっと鼻血を出す友達のおばあちゃん、会うたびに500円をせびってくる駅前おばあちゃんなど、味濃いめのおばあちゃんが近所に分布してました。砂かけばばあより10円ばばあや500円ばばあの方が怖いです。

おばあちゃんといえば、これも小学生の頃の体験なんですけど、友達の家でかくれんぼしてて、仏間の押し入れに隠れようと襖を開けたら喪服のおばあちゃんが座ってて顎が外れるほど驚きました。一目散に逃げ、ちょっと間を置いて恐る恐る確認しに戻ったらいなくなってました。きっと知らない内に友達のおばあちゃんもかくれんぼに参加してたんですね。ははは。

おばあちゃんリミックスで開幕させましたが、こんな感じの分別の難しい体験談の羅列になります。そのほとんどが霊系の短いオチなし話で、作品と言えるような完成度のエピソードはありません。ソーリー。とはいえ、せっかくなのでそれっぽいタイトルをつけてご紹介します。例えば、前段の押し入れの話は「かくれんぼ」でしょうか。「押し入ればばあ」でもいいですけど。

次は「青ざめた赤」という話。20歳の頃に友人を介して知り合った居酒屋勤めのおじさんがいました。ある日、そのおじさんの店へ飲みに行った時のこと。おじさんが「あの人、顔色悪くない？」と、40代くらいのサラリーマンを指して言いました。私は「え？　普通ですよ」と答えましたが、おじさんは「いやいや真っ青だよ、やばいよ」と心配顔。あらためて確認するも至って普通で調子よくビールをあおってます。なんなら酔っ払って真っ赤。具合が悪そうには到底見えません。大丈夫ですよと軽く流すこちらの無関心をよそに、おじさんはその後もずっとサラリーマンを気にしてました。それからしばらくしていつものようにお店に遊びに行ったのですが、おじさんは私を見つけるとそばに寄ってきて、「櫻井くん、あのサラリーマン死んじゃったよ」と低い声で告げたのです。びっくりして5秒くらいリアクションがとれませんでした。突然死だったようです。よくよく話を聞くとおじさんは霊感体質で日常的に見えているそうで、その霊感のレーダーがサラリーマンにも反応したんじゃないかと、あっけらかんと話してくれたのを覚えてます。常識が少し違うんですよね、だって見えちゃってるから。そういえば私の守護霊も教えてくれたんですよ、言いませんけど。

今回書いてるような不確かな出来事は、日常と非日常の間に起こるノイズや揺れのようなものだと思っています。自分の波長に狂いが生じて普段は立ち入れない裏側につながってしまうような、未知の電波のようなものと混ざり合って同じ波形を作るような、そんなイメージ。次の2つはまさにその通りの話。一瞬のシンクロでした。

まずはラジオでの出来事。題して「イヤホン越しの再会」。それはレギュラー番組の収録中のことでした。メールをきっかけに犬にまつわる話をしてまして、実家で飼っていたヨークシャーテリアのはなのエピソードを披露していたところ、突然イヤホンをしている右耳に「わんわん」とはなの声が聞こえたのです。驚いてサブスタジオのディレクターを見たのですがノーリアクション。なんだ気のせいかと気を取り直し、そのことには触れずに収録を進めました。犬の件以外は特に何も起こらず終了。帰りの挨拶を済ませスタジオを出るタイミングになってディレクターが「犬の鳴き声、聞こえましたよね」と、びっくりするくらい普通のトーンで言うじゃありませんか。いや、聞こえてたんかい。実はこのディレクターも霊感が強くて、見えない犬が吠えたくらいじゃ動じないステージの人だったのです。それにしても不思議な体験でした。どんな形であれ元気そうな声が聞けて嬉しかったんですけど、右耳だけってことはイヤホンから聞こえてるということですよね……電気みたいな状態なのでしょうか。謎です。

耳といえばこんな話も。タイトルは「一緒に叫んでた」です。とあるアニメーション作品のアフレコでのこと。激しい戦闘シーンがあって私も気合いを入れて臨んだのですが、自分のセリフ中に違和感があったんです。引っかかったんですが、気のせいだろうと流して席に戻ると、隣席の共演者が怪訝そうに私を見つめてきます。そこでぼんやり察しまして、タイミングを見計らって「どうしたの？」と恐る恐る尋ねると、その共演者は「櫻井さん、気付いてますか？」と、私を測るような、または試すような質問をしてきたのです。微かな緊張感と少しの拒絶を含んだその声に「ああ、あれは気のせいではなかったんだ」と、嫌々ですが認めざるを得なくなってしまったのでした……。さあ、皆さんお待ちかねの答え合わせタイム。アフレコ中に私の身に何が起こっていたのでしょうか！　正解は……「私がセリフを読むのに合わせて私の左耳だけに女性の激しい金切声が聞こえていた」でしたー。しかも今まさに読んでいるセリフをその声の主も叫ぶという凝りよう。身の毛もよだつ大絶叫と奇跡のユニゾンです。そんなコラボは望んでないのに。私は体のどこかに声が反響してるんだと思ってました。そう処理してしまえばなかったことにできるから。ところが、まさかの第三者からの指摘によって気のせいで逃げられなくなってしまったのでした。これで日頃スルーしているあれやこれやも、もしかしたら気のせいじゃないかもしれなくなってしまったのです。本当に凹みました。そして共演者のあの表情は今でも忘れられません……。結局その人も霊感があって、私の左肩に憑いている「何かが」がバッチリ見えていたようです。事実確認だけで深く追及しなかったのですが、その判断は本当に正解でした。何か答えを持っていたとしたらそれは聞きたくなかったので。だって、絶対怖いやつですもん。ホラー映画みたいな展開になったら嫌じゃないですか。やつれた姿で現場に現れて収録中に奇声を発してスタジオを飛び出すみたいな、そんな映画序盤の被害者ポジションはまっぴらごめんです。

いかがでしたでしょうか。他にも「真夜中カセットテープ」「11PMの人形」「欄間」「目の端にある境界線」「お願いだから帰って」「いいこいいこ」「ずっとそこで寝ていた」「よくわかったね」などなど、紹介しきれなかったエピソードがあるので、いつか機会がありましたら。ちなみに現在の私はというと、この手の現象はほとんど起こらなくなりました。〝わからなくなった〟と表現するのが、もしかしたら正しいのかもしれません。

年齢とともに失われると聞いたことがありますが、その通りだという証明になってしまったようです。少し残念。

こういうジャンルを丸ごと否定する風潮に対して、そんなに意地悪しなくてもと思っています。信じにくいものを信じているのはそれなりの理由や謂れがあるからで、半笑いで関わられるのはちょっと迷惑。否定も肯定もいりません、信じるか信じないかはあなた次第であり、私次第でもあるのです。

おじさんになった今は霊よりもネットの方が全然怖いです。やっぱり一回りして人間が怖い。変なこと書かなきゃいいのに、なんで書いちゃうんでしょう。怖い怖い……。
と、こういう構成の文章にしておきながら、凡ミスを盆ミスと軽はずみに書いてしまっている自分が一番怖いかもしれません。ナムアミダブツ。

第十八回　ファーストキスは犬味《いぬみ》

あれは私が中学生の頃。ある日突然我が家に犬がやってきました。いつも通りの一日を終え、代わり映えのない帰り道を逆再生のように辿って家に帰ったら、朝には影も形もなかった子犬がいたのです。我が家名物の事後承諾。母の三男出産、米屋の建て替えに次ぐビッグサプライズ。

小さい頃、祖父母と父だけに懐いてた半野良の猫がいました。触りたくて触りたくてしょうがなかった。商売屋で育った私はペットを飼うのはハードルが高いと刷り込まれていて、ねだるようなことはしませんでした。だいぶ小さい頃に淡水魚とセキセイインコがいた記憶がありますがおぼろげ。私が無断で手に入れた文鳥のつがいもいました。ほとんど母が世話をしてました。

店奥の居間に所在なくちょこんと座る櫻井家の新しい家族はオスのヨークシャーテリア。

「はな」と名付けられました。命名は母文繪。由来は不明。確か知り合いか、知り合いの知り合いがブリーダーで飼う流れになったと記憶。犬を飼うのが夢だった、母からそういう類の発言を聞いたことがあったようななかったような。なんにせよなんらかの前フリがあったと推測。ちょうど家を建て替えたタイミングで、それも理由の一つにあったと思います。

今回は、前号の櫻井怪談のハートフル部門に友情出演した愛犬はなについて綴ります。思い出話の羅列になりそうですがお付き合いください。それでは犬生活スタートです。

思いがけず始まった犬との共同生活は家の空気を一変させます。はなの周りにはいつも人の輪ができてました。当時はまだ両の手のひらに収まるくらいのサイズ。人間の目には赤ちゃんですね。おぼつかない足取りで当てもなくよちよち歩き回り、きょとんとした表情でこっちを見返してくる。ここがどことか自分は何とか全く理解できてない様子。ふるふると震える毛玉のような姿が愛らしくそれをぼーっと眺めるのが好きでした。

あっという間に懐いてくれた愛犬にメロメロの櫻井家ご一同。ちょろいです。人間以外の哺乳類との共存はとても面白くて、魚や鳥では味わえなかった喜びがありました。食材みたいな書き方になっちゃってますが、要はコミュニケーションできるということです。人間同士だって難しい時は難しい意思の疎通。魚は全然無理で鳥は慣れるくらいが限界。猫はもう少し親密。友達か、なんなら手下のような気分にさせられることもある。猫は人間を役立たずの大きな猫だと思っていると聞いたことがあります。思い当たる節あり。

犬と人間は主従関係です。躾という言葉に表れてます。わかりやすいところだと名前を認識してくれることですよね。「はな」と呼ぶと振り返る、寄ってくる。あれって自分の名前だとわかってるんでしょうか。その時は引っかかってませんでしたが、よくよく考えると不思議。呼ぶと反応するから理解していると思い込んでました。調べれば答えがありそう。でも犬本人に聞いたわけじゃなし。犬同士も名前で呼び合ってたら楽しい。

一番懐いていた相手は父武司で、偉い者に従う犬の習性かと思いきや、ご飯のおこぼれをくれるからでした。ご飯の度に賄賂を渡してお気に入りの地位を獲得したのです。ドッグフード推奨派の私と母文繪はそれを苦々しく見ておりました。ふわっと序列をつけられたものの、はなはおおむね等しく愛想を振りまいてくれました。成犬になっても片手でひょいと軽く持ち上げられるくらいの大きさで、毛もモップのようにはならず、ボブぐらいの長さで止まりました。トリミングにも通うようになり、頭のてっぺんに束ねた毛を揺らしながらささみをもりもり食べる姿を覚えてます。頑張ったご褒美ですね。りんごも好きでした。あのシャリシャリという音が好きらしく秒で食べてました。ゆっくり味わえばいいのに。犬を猫可愛がりに可愛がる。

小さな犬が大きな存在に。はなが生活の中心になったと言っても過言ではありません。店のリニューアルと看板犬登場は結構なニュース。櫻井さんとこのはなちゃんはご近所では有名となり、愛嬌たっぷりのエピソードをわんさか生産するのです。

はなはおとなしい性格で無駄吠えや粗相をしない子でした。唯一鳴くのはお客さんが来た時。はなは店の椅子か居間の座布団にスタンバっており、客が来ると誰よりも早く飛び出し「わんわん」と鳴いてお出迎え。「いらっしゃいませ」かなと都合よく解釈してました。大抵そこで鳴き止むのですが、お年寄りや子供が来た時に限って鳴き止まないことがあって、たぶん子供はぐいぐいくるから苦手で、お年寄りは……なんだったんでしょう。掘り下げない方が良さそう。

米屋の正面玄関は自動ドアでした。実家が自動ドアってちょっと笑えますが、人間には便利な自動も犬にとってはどうでしょう。はなは小さいので自動ドア付近をチョロチョロ動いてても反応しません。脱走の心配はなし。しかしある時、お客さんが来たのに合わせてするりと抜け出してしまったことがありました。母の知り合いがはなを抱えて来店したものだから、そこで初めて脱走に気付いた次第。なんでも、道路のど真ん中に見覚えあるヨークシャーテリアがいて、まさかと思い「はなちゃん！」と声をかけたらその場でころんとひっくり返ってお腹を見せてきたそうです。育ちの良さか、それともただのお馬鹿なのか。何はともあれ大事にならず済んでよかった。

はなはちなみにオネエ座り。ちょっと内股。舌が長いのか常に先っちょが出てて、触ると引っ込めます。こういう細かい個性を拾い始めると犬じゃなくなっていきます。姿は犬、中身は犬と人間の中間くらい。〝ペット〟とか〝飼う〟という表現に違和感を覚えるように。家族ってやつでしょうか。

近所に勝手に散歩するボクサー（犬）がいて、そのコースにうちが含まれていました。店のガラス戸越しに現れて待機すると、はなが開けろと催促。ボクサーと何やら交流し、終わると家へ入れろとまた催促。飼い主事情でも話しているのでしょうか。犬ネットワークは人のそれと大差ないのだなと知った光景でした。

高校時代。私の部屋が寒すぎて和室を占領していた時期がありました。冬のこたつは悪魔的。こたつに始まりこたつに終わる自堕落な日々を過ごしていたある朝。こたつから顔だけ出して寝ていると何かがすぐ側にいる気配。そして次の瞬間、唇にむにゅっとした生暖かい感触。ねぼけまなこで辺りを見回すと去っていくはなの後ろ姿が見えました。私のファーストキスははなに奪われたのです。ちょっと生臭かった。

私が上京した後は年に1～2度の帰省でしか会わなくなり、飛び飛びの記憶になっていきます。久しぶりに帰った時の熱烈歓迎は忘れられません。お腹を見せながらうれションしちゃうので大変なことになってました。それを見てこちらもうれションです。

帰るたびに少しずつ老けていくはな。お出迎えがなくなり、椅子に飛び乗れなくなり、目が見えなくなり、銀の毛が白髪のようになり。いつだったか寒い時期に実家へ帰った時のこと、はなが半纏を咥えて私の前に持ってきました。「?」の私に母が「着せてほしいんだって」と言葉を添えます。私はそれを聞いて泣きそうになりました。すっかりおじいちゃんになってるはなに私は動揺し、同時にとても切ない気持ちになってしまいました。平静を装いましたが正直受け入れ難かったです。ダメでした。

そしてその翌年か翌々年。いつものように帰省したら珍しくはなが出迎えてくれました。嬉しくて破顔する私にはなはものすごい勢いで吠え立ててきました。びっくりしました。歯を剥くほどの剣幕で唸り吠えてくるのです。はなは私が誰だかわからなくなっていました。ショックというより、悲しいというより、恐怖の感情が、怖いという感情が私の中に充満します。直後、そう思ってしまったことを後悔し、気を取り直して「忘れちゃったの〜?」なんてお茶を濁してその場を取り繕いました。私はまた吠えられるんじゃないかと、意識してはなの視界に入らないようにしてしまいます。はなはしきりに愛用の座布団を舐めてました。気にする私を察してか父が「ああやってずっと匂い付けをしてる。場所を取られると思ってるんじゃないか」とポツリ。はながそう言ったわけじゃないけど、でもきっとそうなのです。疲れたのかぼーっと空《くう》を見るはな。それをぼーっと眺める私。懐かしいあの頃を彷彿とさせる瞬間ですが、その中身は全く違うもの。そのまま眠りにつくはなを私は目に焼き付けるように見やるのでした。

それからしばらくしてはなは亡くなりました。愛犬がいなくなった我が家は少しくすんだように見えて、身体は小さかったけど大きな存在だったんだと改めて思いました。少なくとも私にはそう映って、あちこちに残る名残や気配をしばらく目で追ってしまってました。

はなは文字通り花のように我が家を明るく彩り、枯れて萎れるまで咲き続けました。種は家族みんなが持ってます。気のせいでもいいからまた声が聞けたら嬉しいです。

Part2

書き下ろしエッセイ

おじさん道中 故郷・岡崎編

（2021年）

声優を夢見たアイチの田舎少年サクライは、たくさんの出会いと様々な経験を得て、見事その夢を叶えました。気付けば25年もの年月が経ち、サクライは47歳のおじさん声優になってました。

ある時、編集のカワトと名乗る男が現れ、「演技もいいが文字もいいぞ」とサクライに耳打ちしました。その傍らにはカメラマンのヤマグチもいました。特に目標のないサクライはこれも何かの縁と、カワトとヤマグチとともに文字の国へと足を踏み入れたのです。そこはありとあらゆるものが文字・言葉・文章で作られた世界。サクライは大変な場所に足を踏み入れてしまったと思いました。案の定、文字の難しさをうんと味わうのですが、次第に楽しさも感じるようになります。これまで考えていたこと、思っていたこと、感じていたこと、言いたかったことを文字にしてみたら、知らなかった自分に出会うことができたからです。毎月ぐずってるけどサクライは元気です。こうして「演技する」と「話す」以外の表現方法を覚えたサクライは、自分の中にあるいろんな形の種にせっせと水や肥料をあげて育て始めるようになりました。最初、思ったように花が咲かずサクライは不満げでしたが、次第に不思議な形の花や変わった色の花が咲いたりして、それなりに満足するようになりました。残念ですがまだ綺麗な花は咲いてません。

またある時、再び編集のカワトが現れサクライに言いました。「サクライのルーツを辿る旅をしよう。アイチのオカザキへ行くぞ」だそうです。ちょっと嫌だったけど断れないので行くことにしました。

メンバーは声優サクライ、編集カワト、カメラマンヤマグチの3人。朝8時集合ですごく嫌でしたが、遅刻しないよう頑張って起きました。カメラマンヤマグチのでかい車に乗り込み移動開始です。愛知まではおよそ4時間の道のり。すぐに寝てやろうと思ってましたが、雑談してたらいつの間にか到着してました。着いたタイミングでとても眠くなって、うわぁ失敗したと思いましたが、大人なのでおくびにも出しません。えらいですね。

高速を下りて向かったのはオカザキ城。景気付けに登ることにしたのですが、なんと、麓でフェスが開催されているではありませんか。サクライの知ってるオカザキはこんなアッパーな催しはしません。〝的屋でカラーひよこ〟がトレンドの子供時代を過ごしたサクライには衝撃です。同じ愛知出身のヤマグチも驚いてました。トクガワイエヤスもびっくりでしょう。

フェスは怖かったのでスルーして城見学をしました。残念ながらイエヤスは不在です。渋い展示品の数々を2秒くらい見て5階の展望室へ。いい眺めです。平凡な田舎の風景。なんだか知らない場所みたいとかサクライは思っているようです。ここで育ったという実感は特に湧かないとも思ってるみたいです。平べったい街をぼーっと眺めてるとサクライは急に期待と不安が半々のモチベーションになって困りました。思い出の場所を巡る旅……本当にそうなるのでしょうか。予定は未定であって決定ではありません。こういうのは大体どこか途中で変わってしまうものです。サクライはおじさんなのでその辺はわかっていて、わかっているから直前になってぐずります。子供の頃からのお家芸ですね。でも大人なのでおくびにも出しません。まだ出しません。

オカザキ城から撤退するタイミングでカワトが鰻を食わせろと言い出したので、サクライは奢ってくれるのを条件に許可しました。優しいですね。カワト調べの鰻屋はとても美味しかったです。サクライやヤマグチが慣れ親しんだ香ばしい鰻でした。蒸さないのです。

腹ごしらえを済ませ、ちょっとだけ仕事モードに入ったサクライたちは、旅の目的地を目指し移動を開始したようです。1つ目はサクライの母校、その名もイダ小学校。これぞルーツって感じです。しかし、年甲斐もなくサクライは緊張してました。だって35年振りだもの……タカヒロ。真面目な挨拶とかあるのかなとか、ものすごい塩対応されたらどうしようとか、ネガティブな妄想をしているうちにイダ小学校に到着。さあここからは出たとこ勝負です。上手に卒業生しなくてはと気合を入れるサクライ。ふぅと息を吐き、車を降り、照りつける太陽の光を手のひらで遮りながら校舎をじーっと見つめます。……うーん、こんなかんじだっけ。47歳のおじさんは案の定これっぽっちも覚えてませんでした。残念ですね。そしてまずいことになりました。こうなったらリアクションでやりくりするしかありません。

出迎えてくれた教頭先生に誘われ校内へ。すると、校舎の玄関口に何やら丸くて大きい何かが見えます。上下に手をパタパタと動かしこちらにアピールしてくる謎の物体。ばっちり見えてるけど目を凝らすサクライ。確認ですね。登場したのは「イダッキー」というイダ小学校の森に棲息する妖精でした。グラウンドを挟んで校舎の対面にある森で、昔と比べるとだいぶ狭くなったように見えました。学校七不思議の〝濁る沼〟と〝人魚像〟があった森に今は妖精さんが棲んでます。あんまり変わってない気もしますね。先生方とイダッキーの横並びは映え映えの映えで、妖精まで駆り出すおもてなしにクリステルもびっくり。急なクライマックスに早速お腹いっぱいのサクライはもう引き上げてもいいんじゃないかと思ったとか思わなかったとか。いい先制パンチをもらってしまったサクライでしたが、校長先生への挨拶で復活します。危ない危ない、うっかり帰るところでしたね。校長室で少しお茶タイムしてから校内を案内してもらう流れに。城の次は学校の見学。記憶になくても興味はあります。なにせ数十年ぶりの母校ですから。整然と並ぶ教室と一直線の長い廊下。まだ昼過ぎなのに少し薄暗い廊下はまるで無限に続いているかのよう。走りたくなりました。全力疾走。とても衝動的ですが、そういう気持ちなんだからしょうがないです。だから衝動なのです。でもカワトやヤマグチが見てたので我慢しました。弱みを握られたくないからです。この二人はイジってくるので。

行儀良く列を作る小さい机や椅子が可愛らしかったです。自分にもこんなサイズの頃があったんですね。全然思い出せませんけど。設備や備品の寸法が子供規格なのでとても不思議なバランス。教室のロッカーや窓、廊下の手洗い場なんかの高さが低いのです。ずっと目眩のような感覚に襲われながら見学してました。それにしても日曜日の小学校はパラレルワールドのようですね。いないはずの子供たちの気配があったりするのです。その中に子供の頃の自分が紛れてたら楽しかったんですけど、残念ながら発見できず。

全行程終了し、爽やかに速やかに立ち去るサクライたち。カワトが「どうだった?」と投げかけます。覚えてるような覚えてないような、懐かしいような懐かしくないような、そんな感じ。これが訪問後の感想だそう。ちょっと申し訳ない気分ですね。サクライは気疲れでちょっと消耗しましたが、我慢して次の目的地へ向かいました。えらいえらい。

2つ目もサクライの母校です。中学校を飛ばして高校を目指しますよ。その名もジョーセー高校。矢作川という大きな川べりにある大きな学校で、サクライが通っていた頃は男子校でした。今は共学だそうです。ずるいですね。

さあ、今度は高校時代にタイムスリップ。さすがにイダ小のようなことはないだろうと高を括っていたサクライですが、結論から申し上げますと、なんとさっぱり思い出せませんでした。期待を裏切らないですね。見覚えがあったのは正門とテニスコートくらいとか言ってます。これはマズい。大ピンチです。何しに来たんだサクライ、カワトとヤマグチが半笑いだぞ。……しかしサクライには切り札がありました。なんと3年生の頃の担任の阿部先生が駆け付けてくれたのです。世界史の先生で剣道部顧問。林間学校での登山中に雷を避けたことがあるというマンガみたいな逸話があり、そこから「サンダー」というあだ名を付けられた先生です。秀逸ですね。本日2度目の校長室で30年ぶりに再会し、折を見てその雷話をサンダー阿部に振ったところ「知らん、そうだったのか」と1ミクロンも覚えていないリアクション。奥の手が不発に終わり試合終了のサイレンが脳内に響き渡ります。18対0ぐらいでサクライたちの夏は終わりました。いやいや、それは覚えててよ……。しかし、それがこの先生らしいとも言えます。授業中に白熱したサンダーが勢いよく大股開きで屈みズボンのお尻が破れるという、これまた古いギャグマンガみたいなアクシデントがあったのですが、驚くべきは帰りのホームルームもズボンが破れたままだったこと。サンダーは一日どう過ごしたんでしょう。あまりの無頓着ぶりにこっちが当てられてしまった出来事でした。こういう鈍感さから察するに「知らなかった」というより「当時からピンときてなかった」と解釈する方が自然だと思います。そもそもインプットしてないんだから忘れるも何もない。サンダーはずっとサンダーではなかったのです。シビれますね。

すでに教員を引退してた阿部先生はおじいちゃんになった以外は昔のまんま。「懐かしいな」と言ってくれたのですが、ひねくれ者のサクライは懐疑的。エッセイにも書かれてある通り、サクライは地味を絵に描いたような生徒でした。自分が主役のエピソードは何一つありません。エピソードがないことがエピソードとか言ってしまう残念中年です。阿部先生とも必要最低限のやり取り止まりの朝来て夕方帰るだけのモブ生徒S、それが高校生サクライの正体。つまり覚えているはずがないのです。先生の懐かしいとサクライの懐かしいは、色も味も匂いも違う全然別の「懐かしい」なのです。

ジョーセー高校も一通り予定をなぞったので、感謝の意を述べお別れしましたが、あのサクライ一行の去り方はほぼ「ずらかる」でした。母校にボコボコにされたサクライは、イナズマのようなスピードで思い出の地を後にしました。

学校巡りを終え、休憩がてらホテルにチェックインし、1日の締めくくりに子供の頃から通っている馴染みの焼肉屋へ繰り出します。三八というお店。1日頑張ったご褒美ですね。

櫻井家は焼肉といったらホルモン。特に父武司はホルモンしか食べません。「ホルモンはもともと捨てられていた部分で、ほうるもん（放る物）と呼ばれてた。そこからホルモンと呼ばれるようになった」と、軽く炙ったホルモンを頰張りながら父は教えてくれました。今でこそその味わいとある種のありがたさをわかってますが、子供の頃はガムのカテゴリーです。「こんなもんちょびっと火が通りゃいいだ」と、網の上で2、3度転がし口に放り込む父武司。少年サクライも真似するのですが飲み込むタイミングがわかりません。少年時代の美しき思い出です。商売屋だったサクライ家は外食の機会が少なく、焼肉の思い出はとても貴重なもの。食事は子供たち↓父母の順に食べるという時間差のルーチンが日常生活だったので、父を前にして食べる焼肉は少し緊張の場でもありました。見様見真似のホルモンは怖い存在だった父へ取り入るためのミラーリングだったのかもしれません。もしくは純粋に背伸びしたかったか。こういう思い出はするする出てくるなぁ。回想シーンを挟みながらの焼肉タイム。ビールが進みますね。防戦一方だった母校巡りを振り返りつつ生焼けのホルモンを頬張る。サクライのダウナーなぼやきに適当な合いの手と相槌で返す二人。いつも目の前にいるのは父母ですが、今回はカワトとヤマグチ。赤の他人だしどっちもおじさんです。張り合いがないですが、これも仕事なので文句は言いません。えらいですね。そして計算外だったのが、ヤマグチの肉を焼くペースがハムスターの鼓動くらい早くてサクライがまたもや防戦一方になったこと。対照的にカワトは「一人焼肉ですか?」くらいマイペース。それぞれの人柄が見えますすね。

支払いをカワトで済ませホテルへ。自分の部屋に戻ったサクライはベッドに寝転がり1日を反芻します。スケールはだいぶ小さいが浦島太郎を味わった気分。使い古された例えだけどとてもしっくりくる。久しぶりに帰ってきた故郷は30年の歳月が流れ、すっかり変わってしまったのでした……ZZZ。

さあ、2日目の開幕です。今日は朝から大変ですよ。サクライの両親と合流して朝食会、その後サクライの実家を訪問するという頭サビの日程だからです。手前味噌ですがこの旅のハイライトと言えるかもしれません。エッセイの常連である父武司と母文繪。カワトとヤマグチは文字上の存在だった二人とついに相見えてしまうわけです。それは未知との遭遇なのか、それとも既知との遭遇なのか……結局これも文字になるんですけどね。

母おすすめの店で待ち合わせ。小高い丘にある「天」という喫茶店で、オカザキ城張りの絶景が楽しめます。両親を二人に紹介し入店。この場合のサクライは迎える側なのか迎えられる側なのか。そんな他愛のないことを考えられるくらいの余裕が今日のサクライにはあるようです。

店の一角に陣取り食事しながら撮影タイム。軽快な動きでシャッターを切るヤマグチに母が、「私は写さなくていい」と豪快な無茶振り。そう、これですよ、このマインドがサクライズム。やはりこうでなくては。なんだかサクライは満足そうです。

本場のモーニングを味わったサクライたちは期待を胸に約束の地へ向かいました。おじさんが帰省するだけなのに書き方一つでエモくなるものですね。いつもは一人の道中だけど今回は三人。仕事関係の人たちと実家を訪れる日がくるなんて思いも寄らなかった。それもこれもサクライが家族ネタでポイントを稼いできたからです。自業自得。本人曰く、話題のつもりが情報になってしまった、だそうです。言い訳がましいですね。

元々米屋の店舗だった空間はテーブルやレコードプレイヤーが置かれ（レコードに血は争えないことを実感）、ちょっとした井戸端スペースに生まれ変わりました。縁側っぽいですね。ここに集まってそうな顔ぶれが目に浮かびます。両親に負けず劣らずの個性派揃いで、すでにサクライは洗礼済み。平均年齢65歳くらいのカラオケパーティでした。

気が付くと、いつの間にかカワトが母文繪と話し込んでいます。まるで対談かインタビューのよう。そしてこちらもいつの間にか父武司がヤマグチに古いカメラを披露してます。プロを困らせてるようです。年食った息子が連れてきた珍しいお客さんをそれぞれの方法でもてなす父と母。それぞれ見た目は老けたけど変わらない風景がそこにあります。

と、ぼんやり眺めていたサクライは気付きます。「そうか、浦島太郎じゃないんだ」と突然理解しました。

昨日サクライに起こった大規模な情報の更新。今まで放棄していたアップデートが行われ、目の前で一気に書き換わりました。その心境を「浦島太郎」になぞらえ、さも自分がこの話の主人公であるかのようにかたどったわけです。しかしそれは誤りでした。かの昔話で例えるなら、サクライは浦島太郎を竜宮城へ連れていく「亀」が正しい。正確にいうと「47歳のサクライ＝亀」なのです。

今回の旅で時間の揺り戻しが起こることを亀のサクライは予感してました。思い出の場所に思い出はなく、ただ過ぎた時間があることを知るだけ。47歳の自分が10代の頃の痕跡を塗りつぶしていってしまうだろうと。

東京で声優になったサクライは、声優人生という新しいスタートを切りました。芸事の世界には芸歴という特殊なルールが存在し、それを基準とした価値体系が一つの物差しとなっています。２０２１年現在のサクライは47歳で、芸歴は25年。この歴をどう見るかはその人の尺度に任せますが、声優のサクライは数字をそのまま年齢にスライドさせて、25歳という解釈で生きています。上見りゃキリのない世界で25なんてまだひよっこ、という考え方。こんな時空の歪みの中で生きているわけです。そこに何が生まれるかというと、リアルと体感のギャップ。自分が感じている以上に時は流れているのだが、その事実がしっくりこない。特殊技能の世界の住人が若く見えたり浮世離れしてたり奇天烈なのは、間違いなく、脳や体が勘違いを起こしているからだと思ってます。そんなズレ方をしたサクライが、自分の過去を切り取って繰り返しネタにすることで、「子供の頃の自分」という独立した記憶を確立させていきました。ラジオやこのエッセイもそうですが、何度も何度もネタにすることで、言うなればサンプリングのように切り貼りをすることで、〝エピソードの中に出てくる自分〟を生み出したのです。

浦島太郎は竜宮城で3年過ごし、地上へ戻ると300年経ってました。こんなスケールではありませんが、サクライは似た感覚を味わったつもりでいました。故郷は変わってしまったんだな、と。しかし、変わっていたのはサクライの方でした。ずっと変わらない「子供の頃の自分」を生み出し、そいつを連れて思い出行脚をしたら、現実には脳内以上の思い出がありませんでした、ちゃんちゃん。と、こういう結論です。

サクライは東京で声優という肩書きを手に入れ、リニューアルオープンを果たします。ところが故郷のみんなはリニューアル前を知りません。当のサクライですら思い出せません。覚えていたのは……。

浦島太郎は亀の姿で久々に生まれ故郷を訪れ、亀として迎え入れられました。背中の甲羅ならぬリュックに浦島時代の想いを詰め込んで……。あちこちで歓迎されますが浦島太郎は上の空でした。だって亀なんですから。

岡崎の旅から1週間後、サクライは東京の出発点である和泉多摩川にいました。ルーツを辿る旅のゴールと定めてやって来ましたが、案の定すっかり変わってしまったようです。かろうじてコインランドリーに名残を見つけられたくらい。心配になるほど高価買取してくれたレコード屋も、霊を見た古本屋も、えずくほどしょっぱい鮭を売ってたスーパーも全部なくなってました。ここもリセット。もう来ることはないかな。

振り返りの旅は、振り返ってこなかったことを確認する旅になりました。しかしこの旅に寂しさや後悔といったネガティブな感想はありません。いい機会になったと思ってます。中途半端なセーブをするぐらいならリセットに限ります。

これからどうなっていくんだろうと、サクライは考えました。今までの延長線上を歩いていくのか、それとも別の選択を取る人生が待っているのか。自分の可能性を否定しないで生きていけたらラッキーですね。

サクライは多摩川を眺めながら「いい旅でした」と、そんなモノローグで締めくくったのでした。

5の3
5の2
5の1

5の3
5の2
5の1

全力
絆
挑戦
学習課題
七月 九日(金)
日直 櫻井孝宏 (47)

A

焼肉 三八 248 支店
焼 肉 三 八 248 支店

金鈴
白絞油
(株)鈴木製油
トクセンしょうゆ
トクセンみそ
大阪製造

1A
1B

Part3
櫻井孝宏のザクライ
（2002～08年）

vol.1　自分

皆さん初めまして、櫻井孝宏です。

遂にコラムまで書くようになりました……。

昔の自分からは想像も出来ません。それなりの自我に目覚めたガキの時分から〝如何に地味に生きていくか〟をモットーにしていた櫻井ですが、振り返ってみればハデなこと×2。予定と違います（役者なんかやっていれば当然ですが）。

子供の頃に思い描いていた〝理想の自分〟とは随分違う仕上がりを見せ、現実の厳しさにむせかえっております。

と、まぁダラダラ書き始めましたが、記念すべき第1回目のテーマについてしこたま悩んだ結果、【自己紹介】に決まりました。安易です。

注：分かりやすいように箇条書きにしておきました。

1．基本仕様は「調子が良い」「テキトウ」「ルーズ」です。なにぶん標準装備なので、こればっかりはどうすることも出来ません。

2. 人見知りなので、初対面の人と打ち解ける率は非常に低く、また打ち解けるにしても長い年月を必要とします（稀に例外もあり）。

3. 一人が好きです。友達がいないという意味ではありません。また〝孤独を愛する〟とかそんな大層なものでもありません。

4. その人の表情や仕草で何となく考えていることが分かります。「じゃあ今、何を考えてる？」とすかさず聞いてくるヤツは回し蹴りです。僕が無意識の内に身に付けた処世術の一つでしょう。

5. 若く見られます。この間も「未成年ですか？」とフザケた質問をしてきたネーちゃんがおりました。延髄蹴りです。今年で28歳になります。誕生日は6月13日です。よろしくお願いします。

6. 実家がお米屋さんです。本の虫で仕事一筋のダンディな父、アクティブで姉貴のような芸術肌の母、内向的な次男、外交的な三男、内股に座る愛犬・はな（オス）、以上、櫻井ファミリー。そして、凍ったベーコンで従業員をシバくシェフの叔母、裁縫の達人で可愛らしい祖母、今年逝った大好きだったじいちゃん……。櫻井の人格形成に何役も買っている主立った面々です。

7. 買い物が好きです。衝動買いやムダ買いをよくします。どうやら買い物によってストレスを発散している様です。日本経済を地味に活性化させてます。

8. よく空想に耽ります。現実を逸脱した世界が好きです。浮き世に何らかの不満があるのでしょうか。プチ現実逃避ですね。

9.ウサギを飼っています。名前は秘密です。ミニウサギなのにデカイです。御年8歳です。一応女子です。

10.星野仙一が好きです。子供の頃からずっと応援しています。バリバリのにわか阪神ファンです。ガンバレ今岡（誠）！

薄っぺらいですね〜。何だかさっぱり自己紹介になっておりませんが、「逆にそれが自己紹介じゃん？」なんて自己完結して、次回に続く……。

P.S. タイトルに深い意味はありません。強いて言えば濁った人間だと思うので……ノリですね、ノリ。

vol.2　声優について

僕の職業です。端的に言えば「役者」ですが、厳密に言うと声優はその大きなカテゴリーの中の一つと考えていいと思います。

声だけで全ての表現をしなければならない声優という職業はとても難しいです。が、それと同じくらいの……いや、それ以上の面白さがあります。僕は何かしらのプレッシャーがないと生きていけないので、緊張と弛緩と軽い恐怖を常に味わえるこの職業はまさに打ってつけです。

第何次かの声優ブーム直前に目指し始めて早幾年……9年ぐらいになりますかね。紆余曲折を経て現在に至りました。自分が歩んできた道を振り返ればそこには何も無く、前を見やれば同じく何も無い……恐ろしい限りです。頑張って色々詰め込むのですが、気が付くと空っぽになってるんですよ。「こんな調子で大丈夫かな？」と多少不安になりつつも「今までもこんな調子だったな」と開き直り「これからもこんな調子で続けていくんだろうな」と思うと「ま、こんなんでもいいんだな」と全部許せてしまいます。甘いですね。

あ、別に不真面目でこんな事を書いているワケじゃありませんよ。僕にとって「何も無い空っぽの状態」ってのがベストなんだと思います。上手い具合に消化して自分の一部になっている、と都合の良い解釈をしてますから。

何だか微妙な硬さの文章になってきちゃいました。やっぱり思い入れがありますからね。これ以上続けると屁理屈を捏ね始めそうなのでそろそろまとめます。〝声優について〟……自分で選んでおいてアレですが、題材が題材なだけに書きにくかったです（お取り扱い注意）。まぁ簡単に言ってしまえば、僕はこの仕事が大好きです。……1行あれば十分でした。

P.S.　前回のコラムで自分のことを「人見知り」と書きましたが、某声優から「初対面の人に『旅行？　じゃあ、お土産買ってきて』なんて言う人を人見知りとは決して言わない」という温かいご指摘を受けましたので、ここでお詫びと共に訂正させて頂きます。

vol.3 櫻井日記

前回、柄にもなく真面目に書いたところすこぶる評判が悪かったです。優しい身内に囲まれて僕の20代も上々の仕上がりを見せてきました。前途洋々です。

そんなこんなで今回は、前回の反省を踏まえ無理な事はせずにタイトル通り「日記」風に書きます。あっ、逃げたわけじゃないですよ。

夏の終わりのとある曇った日、仲間とともにとしまえん（２０２０年閉園）のプールに行きました。としまえんには「吐きそうになった思い出」しかなく当然の如く気後れしていたのですが、ダチの巧みな話術に乗せられ気付けば誰よりもノリノリでした。そして逸る気持ちを抑えレッツゴー！　〝混む〟という情報をキャッチしていた我々は朝一で潜入。誰一人「曇ってるね」等のテンションを下げるような発言をせず一路プールへ。無事入場を果たし更衣室に陣取ると、各々新調した戦闘服（水着）に着替え、いざ突撃。期待と不安に胸を躍らせ「さぁ夏を取り戻すんだっ」と言わんばかりにプールへと駆け出す。パリッとした水着に身を包んだ白い男達。「うわー……さっぶっ」。いやぁ～寒いの何の～はっはっは驚きました。そう、そこには夏なんてコレっぽっちも無かったのです。ま、たまたま天気の悪い日に行ってしまったってだけなんですけどね。でも、僕らには十分なダメージでした。

既に人だらけのプールをペタペタと徘徊し何となく居場所を確保。余りの仕打ちに呆然としていた一同だったが「こんなんじゃダメだ」と奮起し、近くにあった流れるプールへ。水の中の方が温かいことに気付き暫し流され続ける。様々な潜水に興じていると「ダチ①が消息を断った」との報が。見回してみると前方で何やら賑わっている。「まさか⁉」と思ったらそのまさかでした。ダチがライフセーバーらしき人に救出されているではありませんか。まるで再現フィルムのような信じ難いその光景に、僕らは夏の終わりを感じた……。

その他、飛び込み台でケツを強打し無様な姿でプールへと落下したダチ②、下半身にラーメンをこぼし地味なヤケドを負ってしかも鼻血を出したダチ③、ウォータースライダーで禁止行為を行いスタッフにマジギレされたダチ①④……みんなみんな強烈なインパクトをありがとう。

こうして僕の夏は、すぐに忘れるであろう思い出となって幕を閉じたのでした。

vol.4　電車によくある100の風景

電車に乗っている時ほど「いろんな人がいるよな〜！」と思わされる事はありません。春先にカマキリに襲われているオバサンをJR中央線で目撃して以来、車内での人間観察は欠かせなくなっています。某イベントでも話したんですが、ついこの間も女子高生と思しき3人組がアホな会話をしていました。「○○ちゃんちょっと痩せたんじゃない？」「ううん太った～」このやり取りだけで僕の耳は釘付けでした。（あれ？　友達だよね？）と疑問に思いつつも観察続行。「そういえば○子がマルキュー（渋谷109）であゆ（浜崎あゆみ）見たんだって」「ホゲッ！マジ～？」（今ホゲッて言った？）「チョー可愛かったって～」「じゃあマルキュー行こうよ」（えっ？今行っても）「何言ってんの、今行ってもいないっつ～の」「あははそっか」「ば～かば～か」（ば～かば～か）……こんな会話が5駅分くらい続きました。また間が良いんですよ、下手な芸人よりよっぽど面白いです。

遡れば上京したての頃、地下鉄丸ノ内線で「悪魔っぽいフォーク状の槍を持ったサラリーマン」を見たことがあります。度肝を抜かれました。あのサラリーマンは今何をやっているんでしょう……気掛かりです。小田急線でも「赤いレオタード一丁のおばちゃん」を見たことがあります。身構えました。小声で「ワンツーワンツー」とリズムを取りながらリズムに乗らずに車内を歩いていました。あのおばちゃんはどうなったんでしょう。まだ元気でしょうか……気掛かりです。東京が特別ってワケじゃないんでしょうけどいろんな人がいますね。100人いたら100通りの車内風景があるわけですから、こんな素敵なネタ提供空間はそうそうありません。

僕も同じように誰かに見られているんでしょうか。「あいつ顔色悪いな～」とか。そう考えるとあまり気分の良いものではありませんね。

そういえば昨日の夕方、地下鉄千代田線で「ものすごく可愛い子」を見ました。気掛かりです。

vol.5　楽園

南の島へ旅行に行きました。サイパン島です。初の海外旅行だったので若干ビビり気味でしたが……いや〜サイコウでした。過ごしやすい30度前後の気温。強い日差しの中を流れる心地よい風。見惚れるほどに青い海。サイパンは期待を上回る笑顔で僕達を迎えてくれました。オーシャンビューで完璧な眺めのホテル。何もかもが素晴らしいマニャガハ島。大空へ舞い上がったパラセイリング。ベタながらもそのスリルに雄叫びをあげたバナナボート。シュノーケリングで見たウミガメやサンゴ礁の美しさ。一つ一つが新鮮な驚きに溢れていて僕の五感はフル回転でした。メニューに「ラーメソ」「ツャブツャブ」と書いてあったレストラン。行くのを躊躇ってしまったマッサージの店・ダイナミック指圧。「撃っとく？」と真顔でアプローチしてきた実弾射撃屋さんのおばちゃん。色々と手配してくれたフェルナンドの「タクライさんとポク、トモタチ」の味のある響き。クシャミをして鼻水全開のまま仕事に勤しむスーパーのレジ嬢。気が付けば五感はおろか第六感も刺激され、ある種のピークに達した感さえありました。滞在した数日間の中でも一番インパクトがあったのは「テニアンエクスプレス」という名のフェリー内で起こった悲劇でした。行きは快適だったフェリーが帰りは悪天候で大揺れ。遊園地にあるバイキングに1時間乗りっ放しと考えて下さい。30分が経過した辺りで僕の左斜め前の女の子が「ォウェァ！」。それを見た他の乗客が「ああ……吐いてもいいんだ……」と一斉に産声を上げ始めました。おかわりの袋を片手に走り回る船員。ゾンビのように徘徊し始める乗客。ちょっとしたホラー映画の様相を呈してきた船内での数十分はまさに、それまでとはタッチの違う夢のようなひと時でした。

サイパンの旅はあっという間に幕を閉じました。ちょっと日焼けした僕を迎えてくれた東京は寒かったです。サイパンの暑さを知って東京の寒さを感じた僕は、何故だか分かりませんがもっと頑張れるような、そんな気がしました。

vol.6　猫日和

猫を飼い始めました。名前は「ひより」です。去年の11月に我が家へやってきて早6ヶ月、わずかの間にも色々ありました。ひよりは某声優さんが飼っている猫ちゃんのひと夏のアバンチュールによって生まれた子です。ロシアンブルーと雑種との子で、柄は「三毛《みけ》＋雉虎《きじとら》」で「みけとら」です。お医者さんには「琥珀」と言われました。ロシアンブルー感はかけらもありません。

かなりの甘えたがりで撫でられるのが大好きです。どれだけ好きかというと、「手に頭を擦り付けてくるくらい」好きです。その割にはつれなく逃げたりするんですよね。

毎朝毛繕いをされます。モーニングコールだと思うようにしてます。起きると前髪が総立ちになっていることもしばしば。どの飼い猫もするんでしょうか？

お風呂場が好きです。湯船に浸かっていると傍で水遊びしてます。でも、風呂に入れようとすると激しく抵抗します。面白いです。

仕事柄、家でヒトリにさせてしまいがちです。帰ってくると玄関から、リビングのドアのガラス越しに「ガリガリ」と爪を研いでいるのが見えます。必ず爪研ぎをしてお迎えしてくれます。どういう意味なんでしょう。そしてドアを開けると「にゃ〜」とヒトコエ。「お帰り」だと思うようにしてます。

猫は可愛いです。癒されたり嫌がらせされたり。ホント気分屋で、犬との関係性とはちょっと違うような気がします。もっと「親密」なものを感じるというか。

これを書いている今、ひより様はお休み中です。ヒドイ寝相……あっ、起きた。こっちを見てます。ホラ、鳴きますよ……。

「にゃ〜」

ほらね。

vol.7　カーット？

髪の毛が伸びるんですよ、ものすごく早く。よく指摘されるんですがとにかく早いです。「髪が伸びるのが早い人はエッチなんだよね」って言う人は嫌いです。下北沢に行きつけの美容院があるんですが、担当のS野氏が面白い人で月イチの髪切りがけっこう楽しみです。

以前通っていた美容院の美容師が突然失踪し、代わりについてくれたのがS野氏でした。それから2年位の付き合いになります。その美容院が濃いんですよ。S野氏がかなりパンクな兄ちゃんで、プロ野球カードにハマり、プロ野球チップスをアシスタントに買わせてカードがダブると、「また荒木（雅博・中日ドラゴンズ）かよっ」とそのアシスタントを罵倒する、そんな自分に正直な人です。アシスタントの女の子で愛嬌のある面白い子がいたんですが、ある日いなくなりました。理由を聞いたところ、「脳波が乱れたので辞めた」とのコト。確かに風変りな子で、大仏の面を被って歓迎してくれたり、アフロ姿でマッサージをしてくれました。風のウワサで「キャバクラでボーイをしている」と聞きました。乱れっぱなしのようです。

美容師のような専門的な技術職を生業にしている人には個性的な人が多いです。ある種、芸術家ですから当然のことなのですが、それにしても濃いです。今まで色んな美容院に行きましたがマトモな人に遭遇したことは余りないです。新小金井駅から徒歩1分の美容院はマギー司郎似の店長がセロハンテープで補強してある折れた櫛で髪を梳かそうとするハードな美容院だったし、下北沢のお安い美容院の落武者ヘアは襟足を切ってる途中で「……ごめんなさい」とか言い出すし、吉祥寺のオッサレーな店は雰囲気とは裏腹にジイ様が小刻みに震える手で果敢にカットを試みようとするし……ホントこんなんばっかです。

髪のオシャレにはトンと興味がなかった櫻井ですが、やはりこういう仕事をするようになってからはちょっぴり気を遣うようになりました。前述のネタのような店にはもう行けません。今の髪形になってからどれ位……確か下北の落武者にごめんって言われてからだから5〜6年経つのか。そろそろ変えようかな……なんて思う今日この頃です。

vol.8　土産と書いてみやげと読む

ＵＳＪへ行ってきました。力ずくな1泊2日旅行だったので体がガタガタになりました。若い旅でした。さて、旅行に行ったらお土産です。お土産選びのポイントは、やっぱりインパクトでしょう。誰にあげるとも決めず、「駄々っ子の動きをするターミネーターのキーホルダー」と「早く家へ帰れと突っ込みを入れたくなるＥ．Ｔ．のキーホルダー」そして「パッケージに吊るされたジョーズがプリントされているうなぎパイモドキ（フカヒレ入り）」をゲット。日米の固い握手によって生まれたお土産たちはとてもシュールでした。いかがわしくて素敵です。

過去に仲間内で「お土産合戦」が流行った事があります。趣旨は言わずとも分かりますよね？　下呂温泉へ行ったヤツが「下呂げろまんじゅう」を買ってくれば、別のヤツが「銀杏で出来たギリギリなドラ○もん人形（首が動く）」を振舞う。また別のヤツが……といった具合です。要はイヤガラセですね。極めつけは、余りにも不細工な造形で違う怖さになってしまっていた「なまはげ人形」でした。下顎から出た牙が長すぎて鼻に刺さっていて、等身も異様にスマート。蓑〔みの〕を上手く着こなしている感さえ漂っていました。何より凄かったのが台座のプレートに「なまほげ」と彫ってあったことです。「秋田へ行かなきゃ」と思いました。

うろ覚えなんですが、ウチのオヤジがその昔、温泉旅行のお土産で「しいたけ飴」を買ってきました。お土産を一日千秋の想いで待っていた櫻井少年のショックったらありません。お誕生日のケーキを目の前で踏み潰されたような感覚でした。この経験が僕に大きな影響を与えているんでしょう。

喜ばれる物より笑える物。そこでしか買えない物こそがお土産であり、そこで買うことがお土産なのです。皆さんもお一つ如何ですか？

vol.9　水面を見上げるキモチ

スキューバダイビングのライセンスを取りました。人生初の免許です。

まず初めに学科講習を受け、それからプール講習。学科で得たノウハウを生かしながらプールで実技を勉強して、最終的に海洋実習へと臨みます。

こむちゃの翌日、無茶丸出しの朝5時起き。「寝てねぇ」なんて言いながらメンバーと共にライセンス取得の地へと向かう。その名も伊豆。近っ。本当はセブ島やロタ島のような南国でバカンス気分アハハハ〜ン&ライセンス取得といきたかったんですけどね。ま、近場ではありますが、待ちに待った海です。期待に胸を膨らませ車を走らせました。

約3時間後、伊豆へ到着。ぐるぐる山道に車酔い。気持ち悪いのにウキウキしている不気味な表情でいそいそと潜る準備を開始。重い装備を身にまとい、緊張と興奮で地味に呼吸を乱しながらいざ伊豆の海へ。……最高でした。沖縄やパラオやモルディブに比べたら劣るのかもしれないけど、それでも最高でした。食べられそうもない南国系の真っ青な魚が浅瀬にいるのを見て我を忘れ、後は無我夢中。イカの赤ちゃんの余りの可愛さに驚き、触らせてくれたちっちゃいフグに感動。自分の下を悠々と泳ぐウツボに驚き、ハリセンボンのハリを出そうと追い掛け回しているインストラクターさんに感動。自分の目の前に広がる光景や未知の感触に驚きと感動の連続でした。そして、何より目に焼きついているのは、水面でした。自分の上に見えたキラキラ揺れる水面。僕は気がつくと、水面を見上げていました。

潜った深さは一番深いところで12メートル。プールで苦戦した実技もスムーズにこなし、見事ライセンス取得。使いもしないのに持ち歩いています。顔写真入りのライセンスを見て「もっと男前に写っているのにすれば良かった」と、日に焼けた自分はわがままに思うのでした。

vol.10　田中という字はそーゆー意味デスかぁ

『キル・ビル』を観ました。ものすごかったです。それ以外に言い様がありません。子供の頃から映画が好きでした。色んな映画を観ましたが不思議と記憶に残っているのはクセのある作品ばかり……。ってなワケで今回は、そんな櫻井の記憶のスクリーンに焼き付いてしまっている名作たちを供養したいと思います。

『妖刀・斬首剣』。『キル・ビル』同様、間違った認識による日本文化が織り成すアクション大作。特に忍者の扱いがすごいです。言うなれば忍者ハットリくんのようなテイストです。『夜霧のジョギジョギモンスター』。タイトルからして普通じゃありません。チープな演出で逆にキモくなっている天然インドネシア映画。毎回同じところで寝ます。『江戸川乱歩全集・恐怖奇形人間』。全編通して流れる見世物小屋のような胡散臭い雰囲気。鬱屈とした展開の最後に待っているド肝を抜かれる衝撃のラスト。思い出しただけでも失禁しそうです。『ナイトメア・シティ』。ゾンビ映画です。ゾンビが走ります。ゾンビが走っちゃいけません。走るゾンビは言うなれば色白の松崎しげるです。ダメです。『ウィッカーマン』。マニアの間では有名な作品。とある島が舞台のテンション高めな物語。キャンプファイヤーを囲んでロバとウサギが楽しそうに歌って踊る映画です。『クローン人間ブルース・リー　怒りのスリー・ドラゴン』。ブルース・リーに似ていない3人のクローン人間が出てきます。その3人も似てません。どこを突っ込んでいいのか分かりません。『ザザンボ』。残念ながら内容が危険すぎて詳しく書けません。『腹腹時計』。右に同じ。『ドリラー・キラー』。とにかくヒドイです。『彼女がトカゲに喰われたら』。書きたくありません。『死霊の盆踊り』。こんなの観てません。

途中からただのグチになってしまいました。スッキリしました。因みに今回のコラムのタイトルは、『キル・ビル』でルーシー・リュー扮するオーレン・イシイが長ドス（※）片手にのたまう台詞なんですが……こう聞こえたんです。ホントは何て言ってるんでしょう。この通りだといいなぁ。違うんだろうなぁ。

あっ。今回紹介した映画は別にオススメでも何でもないので観なくていいです。

※白鞘に収められた鍔のない日本刀の長脇差。

vol.11　近未来予想図

前略、読者の皆様。２００４年です。新しい年がスタートしました。櫻井は今年30歳になります。どうしましょう？　けっこう凹んでます。自分予想の30歳像とはどエライ違いですよ。「イスカンダルへ行こうと思っていたらまだ練馬だった」くらい違います。全く届いてません。とまぁ、こうやって地味に三十路ウェーブを起こして騒いでるんですけど……何も変わらないんでしょうね、たぶん。ただ、節目の年であることに変わりはありません。

今年は一体どんな年になるんでしょう。飛躍の年になればいいんですが人生は一寸先は闇、油断は出来ません。もともと自分に甘い櫻井ですから危険です。もし、こんなんなったらどうしましょう……。

【2004年スタート↓昨年からの継続番組が主な仕事↓春新番のオーディションを受ける↓残念ながら落ちる↓めげずに頑張る↓レギュラー番組の幾つかが終わる↓夏新番のオーディションを受ける↓普通に落ちる↓それでもめげずに頑張る↓次々にレギュラーが終わっていく↓晩夏の空に巻き返しを誓う↓秋・冬新番のオーディションがいつの間にか終わっている↓驚く↓困る↓暇になる↓料理とかするようになる↓家が一番落ち着くようになる↓外出しなくなる↓引きこもる↓すっかりテレビっ子↓仕事をしていた時よりもアニメに詳しくなる↓無理してプラズマテレビとか買う↓楽しい↓たまたま自分の出演作品の再放送を観る↓すっかり思い出になっている↓何でもないようなことが幸せだったと思う↓もう恋なんてしない】

若干、書いた内容の重さが伝わらないタッチになってしまいましたが、前述のような可能性だって十二分にあります。いやホント。

あ〜……今年もなんだか成り行き任せな行きずりの年になりそうな気がしてきました。ま、なるようになるでしょう。毎年そうですし。でも、聞き分けのいい大人にはなりませんよ。目指せ、不良中年。

vol.12　ダメな日にダメな花咲く

横浜でダチ①と待ち合わせ。待ち合わせ場所に予定の15分前着。まるで付き合いたてのカップルのような初々しさ、しかし待ち人はタメの男。しかも雨。帰ろうかと一瞬魔が差しかける。……15分経過。時刻的にはジャストタイム。現れません。ま、男同士の待ち合わせですからね。……30分経過。未だ現れず。うん、まだ許容範囲。……45分経過。本人は30分の遅刻でもオレは45分待っている。寒さに対するイライラを差っ引いてもボチボチ限界。直後、携帯に着信。表示は待ち人。話を聞くと、「向かって久しいが辿り着けない」とのこと。現在位置を割り出したところ一生かかっても辿り着けない場所にいることが判明。愕然とするが責めても仕方ないので建設的に話を進め、メールによるナビで導く方法を採用。それから40分後、やっと合流。傘を持っているのにズブ濡れのダチ①に軽くひく。気になったがその事には一切触れず、何事も無かったように目的地であるダチ②宅へ向けて発進。さっきまでのモタモタを取り返すような美しいドア・トゥ・ドアで程なくダチ②宅に着。久しぶりの男飲み会。しかも家飲み。先に乗り込んでいたダチ③～⑤は早くもスーパーサイヤ人状態。すっかり乾いたダチ①もアッという間に追いつき、いよいよカオスモードへ突入。7割が猥談のバカバカしくも楽しいダメ飲み会。時々我に返りつつも「こういう会って重要だよな～」なんて言いながら笑い合う。そして数時間後、嘘のような爽やかさで解散。「またな」とアバウトな約束を交わしつつ、千鳥足の男達は、小雨の舞うそれぞれの夜道へと姿を消していくのであった。

……僅かな時間経過。余韻も霞み始めた後片づけの真っ最中、携帯に着信。表示はダチ①。何かと尋ねると「鞄と靴下を忘れた」という衝撃の内容。どうやったら忘れられるんだろうと疑問に思いながら「本気か?」とツッこむ僕の足元には、綺麗に並べられた鞄と靴下が置いてあったとさ。めでたしめでたし。

vol.13　東京迷宮

意味深なタイトルですが、単に僕が方向音痴だということをややこしく言っているだけです。道に迷った結果起こった不思議な出来事……今回はそんなパラレルな体験を綴ります。

仕事柄いろいろな録音スタジオに行きます。東京各地に点在していて、よく行くスタジオもあれば、余り行く機会の無いスタジオもあります。初めて行くスタジオは、地図を片手にフラフラと徘徊するのですが、当然の如く迷います。いとも簡単に迷うので、迷っていることに気付かないくらいです。

数年前、某スタジオに行く道中である事件が起きました。そう……迷ったんです。例によって例の如く頼りの地図に惑わされ遭難。スタジオに行くための目印であるコンビニが見つからず右往左往。こうなってくるともはや地図はただの紙。「地図を見て迷う」という信じがたい悪循環が始まるのです。迷わない人には理解できない感覚でしょう……。もはや半泣きの櫻井は、オノボリサンよろしく無駄に見上げながらの早歩きモードに突入し、その結果、状況はますます悪化。迷った時の処方箋、「スタート地点に戻る」を実践しようと試みるも現在地が分からない今、スタート地点に戻ることは目的地であるスタジオへ行くこと張りの難題と化す始末。いよいよ〝遅刻〟の2文字が頭をよぎり始めたその時、一匹の犬がこっちをじっと見つめていることに気付く。吠えることなくただじっと見つめるその犬がなんとなく気になった櫻井が、フラフラと犬に近寄っていくと犬も移動。一定の距離を保ちながら移動するその犬についていくこと暫く……気が付くと、いつの間にか目的地であるスタジオ前に到着。日本昔話のような出来事に暫し呆然。ハッと我に返り、辺りを見回しましたが、その犬の姿は何処にもありませんでした……。

実話なんですが、余りにも出来過ぎで自分でもピンときてません。ピンとはきてませんが、迷っている僕を見て案内してくれたんじゃないかと思ってます。動物は人間の心が分かりますからね。

もし、また同じ場所で迷ったら出てきてくれるんでしょうか？　まぁ、試すような野暮なマネはしませんけどね。出来ればもう迷いたくはありませんから。

vol.14　止まるまで待って

最近、温泉という響きに敏感です。若い時分は【温泉＝ジジババ】なイメージだったのが、今やオレ様ランキング・行きたい場所ベスト3にランクインするようになりました。数年前に経験した「檜の露天で雪見風呂」があまりにも素晴らしく、考え方を変えさせてくれました。癒しと刺激を同時に味わえる……これが僕の温泉論です。

気心知れたいつもの面々と行くことが多いのですが、波乱含みな道中になることが多いです。ある時も、車による長野の温泉襲撃計画を立てました。「あそこ（長野）は遠い」と目的地出身者からの力強い助言があったので、朝8時に新宿アルタ前に集合という本気モードでガッチリ握手。キャッチフレーズ「死ぬまで浸かる」を掲げ決行の日を心待ちにしていました。そして当日。8時を前に続々と集結する同志たちの勇姿を見て地味にヒートアップ。これはいい旅になると高揚していたところへ「来てないヤツがいる」と水を差されクールダウン。5分程度の遅刻でそいつが現れたので問題なく出発できて一安心。車内で遅刻の理由を問うと「さっきまで飲んでた」と衝撃のカミングアウト。気を失うように眠るそいつの鼻に色んなものを突っ込む遊びが一瞬流行る。皆のおもちゃにされ結局ほとんど眠れなかった彼にその頃から、彼にしか分からない異変が起き始めていました。……そして、腹ごしらえをし、男ドライブにありがちなダメトークで盛り上がっている道中、櫻井は気付いてしまいました。遅刻した彼が……車に酔っていることに。クレヨンの紫色に変色した彼の顔はみるみるうちに汗にまみれ、左手でドア上の持ち手を掴み右手で自分の左腕を掴むというきなりのビジュアル的末期症状。小刻みに震えるその様子は何時間後かにはゾンビになってそうなハリウッド的ノリ。もし演技だったらアカデミー賞受賞。他の連中は嘘のように気付かない。この2つの温度差は永遠だと感じたその瞬間、遅刻くんの顔がにわかに歪み両頬がカエルよろしくふっくら隆起。「ヤバイ」と思いつつもどうすることも出来ず呆然と見守る櫻井。伝わりにくい緊張感の中、次第に隆起が治まり峠越えを確認。「あそこのコンビニで休憩しよう」。ドライバーの一言で遅刻くんの顔に生気が戻り始める。息詰まる展開が安堵の溜息へ変わろうとしていました……が、悲劇は訪れました。コンビニ到着に浮足立つ彼に「止まるまで待って」と思わず声をかけてしまった櫻井。「見られた」と言わんばかりに動揺する遅刻くん。「しまった」と目をむく櫻井。次の瞬間、「ガクン」と鈍く、しかし確実に大きく車が上下運動。櫻井との無言のやり取りに気を取られていた彼はその動きに全く対応できずドカーン……そう、その姿はまるでマーライオンのようでした。

今までは無かったものが突然現れて車内は当然パニック。コンビニで時間をつぶす僕らを恨めしそうにチラ見しながら、彼は一人、車内の掃除をするのでした。

あ〜……旅行って楽しいな。

vol.15　7月14日・夏日記

プルルル……プルルルル……ガチャ……「はい……もしもし」「あっ、アニキ？　オレだよ」「……アニキじゃありませんけど」「えっ……」ガチャ……ツーツーツー……朝7時の出来事です。ポイントはアニキが〝お兄ちゃん〟のアニキではなく〝竹内力や哀川翔〟のアニキだったことです。仕事柄わりと聞く言葉ですがリアルな日常だとちょっとヒキます。つーか朝っぱらからいい迷惑。

通勤中の電車内で近くにいた20歳前後の女性が「カッコ良いイケメンいないかなぁ」と言ってました。「頭痛が痛い」でお馴染みの同意語被せの模範解答。他にも「馬から落馬する」「ヤングな若い人」等バリエーションも豊富です。が、長嶋茂雄さんのコメント「疲労の疲れ」が突き抜けていて好きです。

新宿駅東口周辺を歩いていたら〝新宿タイガー〟と遭遇。最近タイガーはお面を被ろうとしません。あれではただの派手なオッサンです……暑いのかな。そういえば、某先輩が新宿のゴールデン街へ行ったところ新宿タイガーを目撃。店の人に「タイガーさん」と呼ばれていたそうです。

スタジオで『ファインディング・ニモ』の話になりました。「ニモは印象に残るけどファインディングは憶えにくい」と満場一致で盛り上がる。「ファイティング」派が多数を占める中、「フィッシングだと思ってた」と衝撃を走らせた勇者が一人。スゲェ。まだまだオレは普通だなど再確認出来る良い機会になりました。
家への帰り道。暑さによる疲労のせいか喉の調子が思わしくなく、悶々&ぼんやり。気付くと「夢がMORI MORI～♪」のリズムで「喉がガビガビ～♪」と口ずさむ始末。ツッコミ所満載の自分に急に気恥ずかしくなり早足で帰宅。「やっぱ我が家は良いね～」とソファに倒れ込んでクーラーをキツ目にON。涼しい風の中で暫し地味な作業。ふと、留守電が入っていることに気付き何気なく再生。すると……。

ピーッ「……アニキ？　アニキ？……あれ……違うのかな？……アニキ？……アニキ？……アニキ？　いないの？　アニキ？　アーニーキ？……え～と……こないだはどうもでした。お世話になりました。やっと梅雨も明けたん……」プープープー……午前11時38分です……ピーッ
……再生ガ終ワリマシタ

……梅雨明け宣言？
ご存じの方、ご一報を。

vol.16　じいちゃんの日曜日

最近、子供の頃のことを思い出します。何故でしょう。まるで炭酸水のように泡が次々と浮かび上がって弾ける、そんな感覚です。年ですかね。櫻井はおじいちゃん子です。幼い時期からなかなか体験出来ない一風変わった遊びを教えてくれました。じいちゃんは山派だったので週末は大体が山でした。水晶を採りに行ったり、蛍を見に行ったり、鳥を撃ちに行ったりいつも刺激的でした。ある時、紅葉狩りに行った山で僕は蛇に噛まれました。慌てたじいちゃんは驚きの余り僕を張り倒しました。いや〜衝撃でした。蛇もそれで離れましたからね。そんな方法があるとは。蛇といえば、今は無くなってしまった東海地方の名所「香嵐渓へビセンター」でのこと。ニシキヘビと一緒に記念写真という直球な見出しの名物があり、蛇の本当の恐ろしさを知らなかったチビっ子櫻井は無邪気にエントリー。ちょっとイヤそうなじいちゃんと思い思いの笑顔で記念撮影の直後、じいちゃんの様子がおかしくなりました。見ると、腕の太さ程あろうかというニシキヘビがじいちゃんの首をグイグイ締めているではありませんか。「あばっあばっ」とじいちゃんの口からおかしな音が漏れ始め周囲も騒然。スタッフ総動員で救出作戦開始。何故か逃げるじいちゃん。追うスタッフ。追いつけないスタッフ。じいちゃん転倒。確保。作り話のようですが実話です。

蛇の話ばっかりになってしまいましたが、他にも沢山ありますので誤解無きよう。

小さな頃に受けた刺激や経験はその後の人格形成に多大な影響を及ぼします。櫻井も御多分に漏れず激しく感化されました。子供の頃の記憶がだいぶ曖昧になってきた今でも、じいちゃんと遊びに行ったことははっきり憶えています。

きっと楽しかったんでしょうね。

記憶と思い出、頭と心。両方を満たしてくれる人はなかなかいません。望んでも得られないものです。いつも笑顔だったじいちゃんのように僕も笑顔でいられたらと思います。現時点ではまだまだ霞んで見える目標ですが、「じいちゃん」と呼ばれるようになるまでにはそうでありたいです。

vol.17 観覧車のモノローグ

僕はほぼ毎晩夢を見ます。そのほとんどが言葉では説明出来ないような不思議なものです。そんな夢ばかりなので朝起きるとグッタリなんて事もしばしばです。寝ているのに疲れるワケですから夢の中での僕の活躍ったらないです。

夢の中での自分のポジションは様々ですが、大体序盤で死にます。例えば最近見た夢に「地球に落下してくる金星を何とかする」というのがありました。ブルース・ウィリスあたりが主演を務めそうな風情ですが、なかなか迫力があって起きたら汗ダクでした。櫻井選手は物語の出だしで即リタイア。その後は他の登場キャラ達が大活躍して地球を救いました。何よりです。

他にも「デカイ蝉に追い掛けられる」「スタジオへ行くと何故かみんな水着」「ヒゲが濃くなっている」等々、あの手この手で毎夜お送りしています。

そんな中、とても気になっている夢があります。気になる1つめの理由は……何度も見るんです。初めて見たのは小学生の頃。舞台は見知らぬ遊園地で夕日をバックに観覧車に乗っています。夕焼けに包まれた観覧車は綺麗というよりも物寂しい感じで、よく見ないと分からないくらいゆっくりと回っています。気になる2つめの理由……全然知らない人が一緒に乗っているんです。この人は夢の中にだけ現れる人で、現実では全く会ったことの無い人です。一体誰なんでしょう。そして夢の内容はというと、観覧車に乗っているだけです。何も喋らずただじっと、観覧車に乗っているだけです。

不思議とも不気味とも取れる夢ですが、怖さはありません。寧ろ懐かしい感覚を覚えます。夢については〝深層心理の表れ〟や〝何かの暗示〟など様々な見解があります。人間が見るものなので意味が無いとは言いませんが、こじつけるのは好きじゃありません。言葉や文字での理由付けに限界がある現実よりも、何も喋らないこの夢の方がリアルに感じられます。30年の付き合いになる自分ですが、まだ謎が残っているようです。

vol.18　すべて冬の仕業

冬が好きです。開放的な春や夏と違って閉鎖的で重い心持ちになりますが、それが魅力だと思っています。冬の匂いや物悲しい雰囲気も大好きです。デメリットととらえがちな寒さも魅力に感じます。冬のイベントもツボですね。クリスマスは嫌いなんですが、大晦日は好きです。あの終わっていく瞬間が堪りません。……とまぁ、思い当たる理由を並べてみましたが、他愛のないものばかりで好きと言い切るにはもう一つインパクトに欠けます。他にもっともらしい理由はないかとあちこち探したところ無事見つかりました。言っておきますが『冬のソナタ』ではありません。記憶を紐解いてみると、冬に起こった出来事が自分の中に色濃く残っているようです。それは、些細な事から忘れられない大切なことまで様々です。たまたま冬場に多かっただけなのか、それとも特別な何かがそこにあるのか……それは分かりません。今のところ結果論です。ただ、意識が鋭くなるような感覚があります。それが刺激となって妙な行動力へと変化することがあります。この間も京都へ一人旅をしてきました。紅葉が見たかっただけなんですが、何か違うものを見てきたような気がします。本人にしか分からないぼんやりとした体験です。

秋の装いに包まれた京都はとても寒かったです。目は秋を見ていましたが鼻と肌は冬を感じていたようです。秋を見に行って冬を感じる……まるで冬を探しに行ったようです。

……今、ふと思ったんですが、もしかしたら自分の意志にかかわらず行動してきた事があるのかもしれません。結果的なアクションは自分が起こしていたとしても、そのきっかけは冬の何かじゃないでしょうか。ちょっと無茶苦茶ですが、そうだと合点がいきます。終わらせることが苦手な櫻井は〝終わり〟という言葉にとてつもない魅力を感じます。冬には終わりが多分に含まれていて、それに押されているのかもしれません。寒さが人を動かす。温度が人の心に変化を与える。十分に有り得ます。そんな寒い冬の引力に引っ張られた経験の積み重ねが、冬への好意にプラス転化されたのではないでしょうか……。

これまでの冬の記憶の半分は冬の仕業かもしれません。嬉しい記憶も悲しい記憶もすべて冬の仕業。自分の中に温度と気持ちの関係を見出せたのもすべて冬の仕業。こんな曖昧でナイーブな文章になったのもすべては冬の仕業……。

今回は、そういうことで。

vol.19　楽園再び

年始にサイパンへ行ってきました。南国で休暇を過ごすのはこれで2回目です。前回もサイパンでしたが今回のサイパンは一味違いました。前回との決定的な違いは、やはりダイバーになったことです。海上でベタなマリンスポーツに夢中になった一昨年とは違い今年はレッツ海中。見事なブランクを引っ提げてリゾートダイブに臨みました。

渡サイパン初日から体調に不穏な動きあり。1時間しか違わないのに時差のせいにしたり、3時間しか掛からないのに旅の疲れのせいにしながら取り敢えず無視。初日は下見も兼ねてのんびりと散歩。怪しい勧誘を蹴散らしながらガラパンを闊歩。交わされる言葉は何処へ行っても誰と話しても日本語。カタコトの英語で話しかけ「あっちだよ」と日本語で返された時の微妙な気持ち。ビバサイパン！　夕食に絵に描いたようなステーキを食べ、そんなこと無いと思いながらも風邪薬を飲み就寝。そして明くる朝。両親と優雅なビュッフェモーニングを過ごした後、半裸でホテルを飛び出し一目散に海へ。たくさんのスポットがある中「ラウラウビーチ」と「沈船（松安丸）」にダイブ。ラウラウビーチではご飯中のアオウミガメを間近で見ることが出来大感動。沈船では色とりどりの魚と愛くるしいウミウシに心を奪われました。その夜、また肉と風邪薬でドーピングしてから就寝。いよいよ鼻声模様の自分に遠足前にお腹を壊しちゃう小学生の図が重なって気恥ずかしくなり、逃げるようにベッドに潜り込む。そして3日目。目を爛々とさせた半裸の男はこの日も早朝から出撃。昨日とはポイントを変え「ディンプル」と「イーグルレイシティ」にエントリー。ディンプルはカスミチョウチョウウオが群れを成す稀有なポイントで、その噂に違わぬ多さに軽くビビる。イーグルレイシティはマダラトビエイが休憩に来るこれまた珍しいポイントで……それはもう凄かったです。合計30匹前後のマダラトビエイが泳ぐ様は壮観の一言でした。名残惜しみながらも2日間お世話になったガイドさんに別れを告げホテルへ。ロタへ行ってきた両親と情報交換をし、ラストナイトを飾るに相応しいディナーを求め外へ繰り出すと、目の前に現れたるはまたもや肉の店。サイパンにいた4日間は結局肉しか食べませんでした。

それにしても海の青さって場所によって全然違いますね。伊豆や沖縄とは当然違うし、同じサイパンの海でも場所が変われば青さも変わる。青だったり蒼であったり藍もあったり……。動くものや景色に目を奪われて見過ごしがちだった一番の醍醐味を深く味わうことが出来ました。これからもたくさんの青を見に行くつもりです。

vol.20　夢と魔法と……

櫻井はこう見えてディズニーランド&シーが好きです。凝ったアトラクション。徹底された風景と空間作り。トータル的な見栄えの良さは他の追随を許さないでしょう。おおよそ日本人には作ることが出来ない場所です。

数年前の出来事です。「ディズニーランドへ行ったことがない」というダチ（以下、ミッキー）を伴いディズニーランドへ行きました。それまで行かなかった理由が「興味が無い・疲れそう」といったお父さんタッチ。これは一つイメージを変えてやろうと余計なお世話全開で〝DXディズニー1DAYツアー〟をコーディネイトしました。

台風一過の晴れ模様。前日が嵐だったとは思えないほどの快晴なある夏の日。年パス所有者のツワモノ（以下、プーさん）が陣頭指揮を執り、ファストパスを駆使した完璧なプランを引っ提げ舞浜へ上陸。そして待ちに待った開園と同時にロケットスタート。「何で走るの？」とシンプルな疑問を投げかけるミッキーを無視しスプラッシュ・マウンテンまで疾走。あろうことか一番乗り。プーさんと最前列に陣取りミッキーを2列目に、その他を後ろへ座らせ、いざ出発。「うさぎどん」とキャラ声がこだまする地味なボートの旅に「ふ〜ん」と気の無い反応のミッキー。「この後落ちるんだろ?」と余裕を見せたミッキーだったが角度と水量を見誤る。雨で増水していたお山の見事なスプラッシュによってミッキーは見惚れるほどの濡れネズミ状態。しかも最前列のプーさん&櫻井を上回るびっしょり加減。何故か1列目を睨むミッキー。流れるような一連のお笑い種に全身が緩み失禁しそうになる。ホーンテッドマンションではくるくる動く座席と未だ新鮮に見えるお化けたちに「おーおー」と満更でもない様子。カリブの海賊を体験中のミッキーが「ここは何処だ」と一言。子供に置き換えれば「うわぁ広い!」といったところでしょうか。……何だか、初めてを体験している人を見るのって面白いですよね。知ってるからこその意地悪な楽しみ方なんでしょうけど。その後も至極スムーズに園内を蹂躙し、14時過ぎには予定のアトラクションを全て制覇。ペース配分を間違え、まだ日も高いのに疲れて口が開いちゃってるミッキーとその仲間たち。十分楽しんだと確認し合い、早めのEXITを決定。余韻を楽しむ笑顔の中、プーがミッキーへ感想を求めたところ、「意外と面白かったよ。でも、もう来ないかな」とノリの悪い返答。何故かと再び問いかけると……「ミッキーはここじゃないとね。でも、オレは何処にいてもオレだから」

「……ミッキー」↑(注・ダチ)

〝心地よい寂しさ〟とでも言いましょうか。『天空の城ラピュタ』のラストシーンのような、そんな感覚を覚えました。

一息ついた後、「何カッコつけてんだよ」なんてじゃれ合いながら、足先に魔法が解けた僕らは、何万という人で賑わう夢と魔法の王国を後にするのでした。

vol.21　散る桜を知る僕等

桜咲く4月の真ん中……春の風に誘われてまた妙な所へ遊びに行ってきちゃいました。その名も「ジャパン・スネークセンター」。またの名を「日本蛇族学術研究所」。そうです、また蛇です。8人の大所帯で蛇の群れを見に行く。正気の沙汰とは思えません。一回りして逆に素敵です。

目的地の群馬までは約3時間の道程。眠気に瞬殺。車内の記憶ゼロ。ハッと気付けばあら現地。「ヘビ入り口」の看板に早くもお腹一杯。キャッチーなヘビのディスプレイが手招くエントランスゲートをくぐるといきなり土産コーナー。「キィティーチャン（注・キティちゃん）」「今年はパイソン柄が流行ります」等々の味なフレーズで魅せる店内はかなりヘビヘビしていていきなりのクライマックス。手作りのヘビ取りステッキとヘビシャツがオススメ。行かれる方、是非。その日の催し物は〝ハブの採毒実演〟と〝ヘビのお食事タイム〟の2つ。両方ともなかなかお目にかかれないシロモノでした。お土産にあてられ既にテンションがブレ気味の一行は「生き餌かな」「咬まれちゃえよ」「お前のほうがハブっぽい」みたいな感じの仕上がり。両アトラクションとも慣れた手付きで蛇をいなす研究員の提供でお送りされたんですが……蛇って凄いですよ。ヤバいです。木に宙吊りで餌を頬張る姿は「何しに来たんだろう」と思わせるのに十分な説得力がありました。

案の定、昼過ぎには疲れちゃって会話も減り、たまに口を開いても「あそこにも蛇がいるよ」的な状態。そろそろ脱出かな……とぼんやり考えていたその時、目の前をひらひらと舞い落ちる花びらが目に飛び込んできました。桜です。蛇に気を取られて全然気付きませんでしたが、よくよく見渡せば桜の木々がチラホラ。東京ではもう散ってしまった桜がこの地では未だ健在で、地味な蛇一色の園内を彩っていました。現地のスタッフに「もう大分散っちゃったよ」と蛇を片手にコメントされたんですが、とてもそうは思えない咲きっぷりで、気付けばさっきまでグッタリしていた一行が嘘のように息を吹き返し、落ちてくる花びらを掴もうと大はしゃぎ。その様子を茶化していたメンバーの一人がふいに「桜って、散っても綺麗だよね」とポツリ。……その何気ない感想がとても響きました。咲いている姿、散っている姿の美しさにばかり目が行って、散った後の花の行方を全く意識していませんでしたが、その言葉を聞き、桜色に染まった地面を眺めて「本当だね」と素直に頷けました。淡い桜の花びらが急に色濃く見えた一瞬でした。

まさか蛇を見に行って桜を知るとは思いもしませんでした。下を見るという表現には少し後ろ向きなイメージが付き纏います。が、今回の旅行で少し印象が変わりました。それがいいと上ばかり見て疲れてしまったら、ふっと力を抜いて見下ろす余裕も必要ですね。今まで気付かなかった何かが、そこにあるかもしれませんから。……なんて思いながら、「じゃっ」ともう一つな別れの挨拶を残し、その地を後にしたのでした。

vol.22　山梨モンキーマジック・前編

最近、ヘビ仲間（前回参照）と会う事が多いんですが、集まると必ず酒の肴になる共通の思い出話があります。それは5～6年前のとある旅の話で、何故いまだに話題に上るかというと……忘れることが出来ないからです。地味なのにデカいインパクトでもってお送りされたあの旅は、僕らの心に深い爪痕……いや、味わい深い余韻を残しました。

沖縄に帰る同期を伴いお別れ旅行と題して「富士急ハイランド」へ行きました。今やレギュラー化した「FUJIYAMA」がまだ出来たての頃で、〝お別れ〟のわりには皆テンション高め。現金な雰囲気丸出しでしたが、まぁ、それはそれ、これはこれ。余計なことは考えず山梨へ向かう車に身を委ねました。

予想に反し富士急ハイランドは刺激的な場所でした。地域密着型の自然派遊園地を想像していたのですが、とんでもない。野暮ったいベタな作りなのに何処か緊張感が漂う野生派遊園地だったのです。そしてFUJIYAMAはというと、そりゃもう凄かったです。噂に違わぬ急勾配。ほぼ直角。最早、〝落ちる〟と表現した方が的確な初っ端の下りは、近隣の宿泊施設よりも高い位置からのアプローチ。中学の同級生・フジタ君とニケツでぶっ転んだ近所の坂を思い出しました。他にも妙にぶっといフリーフォールや、本物の気配を感じて戦慄し、絶叫&全力疾走で駆け抜けた病院タッチのお化け屋敷等、印象の強いアトラクションが結構ありました。途中、雨に見舞われた為、仕方なくその場を後にしたのですが、駐車場に着いた途端ガン晴れ。いくら山の天気が変わり易いとはいえ余りに酷い仕打ちです。「せっかく来たのにつれない遊園地だな」と文句を垂れながら今後の予定を模索していると、リターンオブ沖縄が「バイトへ行かなきゃならなくなったから帰る」と衝撃の一言。FUJIYAMAよりも急勾配な発言に思わず「うん、分かった」とか言っちゃう主役以外の人達。何となく見送って、何となく話し合って何となく張り合いと目的を見失った一行は何となく旅館へ。河口湖のほとりに何となくあるその宿は、お風呂の匂いが個性的な点以外は何となく普通だったのですぐ寝ました。

明くる日。女性陣の「オルゴール館的なとこへ連れてけ」発言をシカトし、富士の氷穴・風穴へ。ただの寒い横穴でしたが、暗がりへ行くだけでテンションが上がるような状態だったので十分楽しめました。次にガイドマップで見つけた「野猿公園」（2005年閉園）へ向かったのですが、いつまで経っても着きゃしません。道行く地元のおじさんに「やえん公園て何処ですか？」と尋ねたところ、「ああ、のざる公園ね」と驚きの返答が。「ヤベー、訓読みだよ」と教わった場所へ行くと、そこは散々通りがかったみやげ屋の辺り。どうやらそのみやげ屋の奥が野猿公園になっているらしく、〝現地の人に直接聞く〟というフラグを立てない限り辿り着けないようになっています。「早くこなそうぜ」くらいの気持ちで何の期待感もなく野猿の懐に飛び込んでいく一行。しかし、残念ながら彼らは知りませんでした。眼前の野猿公園の……本当の姿を。後編へ続く。

vol.23　山梨モンキーマジック・後編

ただ純粋に旅を満喫しようとしていた彼らがこれから体験する数時間に渡る出来事は、その後の人生の行動基準に大きな影響を及ぼす。「ジャパン・スネークセンター」がその恰好のサンプルである。

紆余曲折を経て目的地である「野猿公園」へ辿り着いた一行。入り口である土産屋の試食を「帰りに買うもんな」と言い訳しながら食い散らかして充電。食事処「風林火山」をスルーして意気揚々と奥の第一ゲートをくぐると、そこはパターゴルフコーナー。一行は地味にも俯く作業に暫し心奪われる。全員ホールアウトの後、並びにある古い日本家屋を訪問。「いらっしゃいませ」と書かれた看板を首にぶら下げる馬の剥製がお出迎えしてくれた建物内は、パルック的な黄色蛍光灯のお陰で明るいのに暗い雰囲気。1階は蓑を巻いた木彫りの像や動物の剥製、妙な木のオブジェが立ち並ぶ郷土資料館的な様相。像の蓑の巻かれ所がマチマチなので疑問に思い接近したところ、理由判明。そりゃ隠します。よくよく付近を見回すとそんなんばっか。〝ペ○ス〟とマッキーで書かれた鯨のペ○スが無造作にゴロン。「ねぇねぇお母さん、ペ○スってオ○ン○ンのことだよね」「……さぁ行くわよ」と衝撃の会話まで聞こえてくる緊急事態。いやぁ気まずい気まずい。他にも無理矢理立たされたムササビの剥製や笠を被らされ徳利を持たされたタヌキの剥製、桃屋の空きビンに入れられたムカデの標本、表現に困る形状の不必要にデカイ御神体等々目くるめくラッシュに堪らず2階へ。逃げた先の2階はオール昆虫標本館。虫としてはアウトなデカさのナナフシや、何処で手に入れたのか〝眠り病〟を媒介する死の蝿・ツェツェバエ等も展示されており、驚いた女性陣は走って逃げていく始末。気を取り直そうと標本と並行して飾ってあった写真に目をやると、色々な動物達の営みを激写したものだったのでやっぱり全員脱出。「こんなはずじゃ……」とおんなじ気持ちの一同。しかし不思議な事に↓な気分に対してテンションは↑でやる気は十分。「しあわせ地蔵」を「しあわせ地獄」と読み間違えてしまった地蔵東屋で休憩の後に進軍再開。暫く進むとインコやらクジャクやらの歓迎に遭うものの、さっきの資料館に比べると地味だったのでスルー。更に進むとヤギ&ヒツジの群れと遭遇。独特の臭いと共に潤んだ眼差しを向ける彼らだったが口は動きっぱなし。

「あ、ちっちゃいのがいる」

「可愛いね」

「一緒にいるのお母さんじゃ……」

【ジョボボボボボボボボ…ボ……ジョォォォォォォ……チョロチョロ……】

「……」

いやぁ、凄い量でした。何もこっちを見ながらしなくても。アトラクション？

すっかりズレまくってる一行だったが、ここでメンバーの一人が原点回帰の一言。

「ねぇ、そういえば猿は？」

「……あっ」

猿、未だ現れず。お山を見上げる一行、果たしてのざるはいずこに？
次回、「山梨モンキーマジック・デスティニー」へ続く。

vol24. 山梨モンキーマジック・デスティニー

野猿公園……公園と謳っているが実際は山で、入り口から頂までそこそこ高低差がある。そのお山の中腹付近でヤギとヒツジの熱烈歓迎に呆然としていた一行だったが、未だ「ウキー」の一言も聞いていないことに気付き足早に順路を先へ。それから程無くして待望の……待望？まぁ待望の猿山に到着。公園内の一番高いところに位置する猿山は何処からどう見ても普通の猿山で一安心。丁度、猿たちのエサタイムでエサやりを間近で見られるとちょっぴり色めき立つ一行に、「え〜、最初に3匹のボスにエサをあげます」と飼育係が前説。「……3匹？」「ボスが3匹って多くね？」「どうしましょう？　ボス」なんて茶化していると早速エサやり開始。3匹のボスというのは要するに猿山のトップ3のことらしい。それっぽい猿達に見事なコントロールでエサを与えていく飼育係。しかし、そこに衝撃の光景が。片手に2つエサを持ち1つずつ投げ入れていくのだが、余りのナイスコントロールに、1個目をキャッチしたボスAに2個目が直撃。びっくりして1個目を落とし、ぶち当たった2個目もろとも下っ端猿に奪われオタオタするボスA。「すげー」と一行。そんなことはお構い無しにエサをぶちまけさっさと退場する飼育係。いいものを見られたとヤンヤヤンヤ盛り上がる一行だったが、ふと目を落とした猿山の一角でトーテムポール状に肩車し脱出しようとしている猿たちを発見し一気にクールダウン。見なかったことにして併設されているウサギ園へ。「うわぁ、可愛い」と扉に手をかける女子軍団。キィッと開けた瞬間ビクッ……あっという間にいなくなりました。馴れてないったらありゃしない。おそるおそる出てくるウサギたちに妙なテンションになった一行はその足で隣のリス園に突入。

「うわぁ、可愛……」【ガブッ】「ギャァァ」「げっ、噛みやがった」「マジ？」【ガリッ】「ひぃぃ」「ヤバイ、逃げろ」……いやぁ、げっ歯目は凄いですね。絶妙なヒット&アウェイに我々パーティはすぐに全滅しました。気を取り直し、お口直しにと何故かそこにあったお化け屋敷モドキに入ったんですが、これがキモイキモイ。中途半端この上ない作りでライティングも暗すぎるほど暗め。ビックリしようにも1メートル先が見えない状態なので趣旨とは違うビックリでお送りする一行。目の覚めるような天然お化け屋敷にこの野猿公園の底知れぬ、いや、底無しの可能性を見たような見なかったような気がしました。

楽しい時間はあっという間に過ぎるもの、気付くと閉園時間でした。何だかんだ言って遊びまくりました。6時間もそこにいましたからね。ちょっとした浦島太郎気分です。帰り際、ミッキー（vol.20参照）が「オレ、今度ここに来たら〝ただいま〟って言うな」と不思議な気に入り方をしていました。全てがアナログだったそこは、体験したことのある懐かしさと体験したことの無い懐かしさを感じさせてくれる場所だったのかもしれません。思わぬ所でスイッチを入れられた我々は、数年経った今でも、同じ思い出を持ち寄って笑い合えるのでした。

vol.25　泡いっぱいの日々を

買い物が好きです。無限の物欲と収集癖、しかもかなりマニアックなコダワリに縛られています。我ながら非常に厄介です。テーブル一つ探すのに1年近くかかったりしますから……困ったもんです。

獲物は服をはじめ身に着ける物、雑貨、インテリア、コレクション物……主にこんな感じ。ビジュアルに特化した洋書やマニアックな本・漫画もちょいちょい集めてますし、レコードに至っては2000枚近く所蔵していることに最近気付きました。上には上がいますが、興味無い人にしてみたら異様な数字でしょう。

子供の頃からコレクターでした。超合金、キンケシ、バイキン消しゴム、ガンプラ、ビックリマン、ガムラツイスト、ネクロスの要塞、聖闘士聖衣神話、ファミコンのソフト、etc.。同じように集めている友達がたくさんいたので、競い合って……というより蹴落とし合いながら必死こいて買っていました。よく親に怒られましたね。でも、分かってはいたんですが止められませんでした。

幼年期にその人の性質が決まる訳ですが、現在に至るまでまんまと貫いています。趣味は随分と奥まりましたけどね。ずっと恵まれた環境にいるってことでしょう。

よくよく振り返ってみると、大した物は買っていないんですよ。一言で言うと「おもちゃ」ですから。買う人がいるから売っている訳で、全く必要の無い物とは思いませんが、無くても何不自由無く生きていけます。しかし、今現在、これが生き甲斐の一つとなっています。必要無い物に見えるからこそ、何が自分に必要なのか分かる。そういうものかもしれません。

買う事によってストレスを解消しながらも買ってしまった事に因る小さなストレスが生まれる。お金を使う爽快感と使ってしまったほんの少しの後ろめたさ……この「アメとムチ」というより「アメで出来たムチ」のような、善し悪し定かならぬ行為が買い物だと思っています。

結果的に自分は何を買ったことになるんでしょう。見えているものなのか、見えていないものなのか……。物以上であればいいなと今日もまた、重い紙袋を眺め思うのでした。

vol.26　ワタシノ素敵なエトセトラ

【足の速い奴隷／映画『PROMISE』におけるチャン・ドンゴンの役どころ】【マソソソ・マソソソ&ジョソソソ・エソド・ジョソソソ／マリリン・マンソンとジョンソン・エンド・ジョンソンの事。こむちゃ打ち合わせ中のあみすけ（小清水亜美）とスタッフ若杉氏の会話に登場】【このやくたたず！／ウチの村のサブリナの挨拶。自分で教えたのにビックリした。因みにログセは「クサッ」】【ハンガーブ食いてぇ／花冷えで凍える中、そのあまりの寒さに言えなさ過ぎたダチ。正確には「ハンバーグ食いてぇ」】【じゃあ衣装チェンコフで！／Club AT-Xのカメラ番長きんきんのノリ発言。この場合は「チェンジ」を「チェンコフ」と表現。暫くロシア風な名前に変換させる遊びが流行る】【舞妓はんひぃ〜ひぃ〜／辛党ミッキーへの京都土産の七味唐辛子】【前川國男／建築展へ行き素直に感動。たくさんの建物とたくさんの言葉を遺しておられます】【ガムヂョン／『ブラックパンサー』という映画に登場する、主人公のライバル役の名前。日本人にはたまらない表記と語感】【『蒼天航路』／マイフェイバリット漫画の一つ。三国志モノの最高峰。残念ながら完結。あと20冊分は読みたかった】【神隠鬼村／神出鬼没の虫食い問題「神〇鬼〇」の答えの一例。解答者は三瓶由布子。満点。他に「神社鬼殺」等の味解答もあり】【インターネットカフェ／パラオのインターネットカフェを覗いたらパソコンが一台もありませんでした。ホリエモ〜ン】【聖飢魔Ⅱ『オールスタンディング処刑（一部を除く）』／2005年末に横浜BLITZで開催。行きたかった】【ホント柴犬は逃げるよ／寿司屋に居合わせた客の会話。逃げられたらしい】【日本一／クレしんでしんのすけ桃太郎が掲げる幟にはこう書いてある。1本多い】【カラフルで詩的で狂暴／筆者出演作『化猫』を観た近しい人の感想。的確】【ビックリマンチョコ／現在は84円。100円で3個買えた物が今や1個】【百式／マイフェイバリットモビルスーツ。次点にバイアラン】【はじけて！ザック／その昔、月刊『コミックボンボン』にて連載されていたスゲェ漫画。熱血モノだったが、途中からの過激な路線変更で狂悪スプラッター漫画となり、その結果打ち切りに。『迷宮神話』とタイトルを変え単行本も出版されたが入手困難】【一から作る／ヘビ仲間の間で流行りつつある。第1弾はカレー。良かれと思ってやった作業がことごとく裏目に。どうしても薄味の完成品に市販のルーを投入しエンディング】……

ここ2か月、こんな言葉や出来事に一喜一憂していた櫻井でした。ちゃんちゃん。

vol.27　マンガやわ

声優を始めて早幾年。アニメの声の正体が人間だったと知って衝撃を受けた幼少のみぎり、その頃のマイフェイバリットは『ドラえもん』でした。おもちゃが欲しい盛りなので、超合金化される合体ロボット系アニメや特撮戦隊モノも当然押さえていました。『鋼鉄ジーグ』や『バトルフィーバーJ』なんかがそうですね。

よくよく考えると、子供の頃の思い出って、その〝世代〟で共有している感を受けるのですが、中学・高校辺りからガラッと変わってきませんか？　特にアニメやマンガは、人によって関わり方が如実に変化します。見ない人はサッパリ見ませんし、見る人は死ぬほど見ます。年齢だけで語るのは乱暴ですけどね。

そんな中、櫻井も独自の路線を歩んでいました。世代としてリアルタイムで見てきたものとは別に、9歳離れた弟世代のリアルタイムにも少しばかり触れてきました。プラス、TVゲームの文化が急激に発達していった時期でもあるので、子供の娯楽に関しては刺激に事欠かない素晴らしい時代でした。大人がそのシーンに触れるのと子供がそのシーンに触れるのではワケが違います。客観性の差が出ますね。平たく言うと純粋さとシンクロ率です。

ガキの頃に月刊『コミックボンボン』に連載されていた『プラモ狂四郎』というマンガがあります。目茶苦茶好きでした。シミュレーターを使って自分の作ったプラモに搭乗し、バトルするという妄想丸出しの子供マンガです。その頃は、それが近い内に現実になると思っていました。でも今は、それが全くと言っていいほど不可能だと分かっています。仮想空間をリアルにするのと仮想体験するのではレベルが違います。『.hack』の世界だと考えて貰えれば分かりやすいかと思います。

いろいろ知ってしまうというのも寂しいものですね。しかし、知りたいという欲求は人間の根幹にあるものなので、それを止めることは無理だしナンセンスな考え方です。仮に知ることが大人になることだとしたら、これからどんどん大人になっていく訳ですが……ちょっぴり残念な心境です。いつまでもバカだガキだと言われる心を持ち続けたいです。……とはいうものの、誰もが子供の心を持っている筈。頭という大人のフィルターを通す作業によって薄まっているのだとしたら、そうならない様に色濃くすればいい訳ですが……具体的にはどうしたらいいんでしょうね。頭では分かっているつもりなんですが……アレ？

取り敢えず、マンガでも読みましょうか。わくわくするような。そうしよう×2。

P.S. この仕事を始めてそこそこ経つのに、未だに深夜にアニメがやっていることに違和感を持つ櫻井だったりします。まだ子供……かも？

vol.28 教習所へ行こう

「免許を取れ」という周囲の熱心なアプローチを受け続けて早幾年……ついに、その重い腰を上げました。〝運転には向いていない〟という過去の実績からくる理由で倦厭《けんえん》していましたが、「ハマーから降りてくるお前を見たい」という熱い要望に応えようと一念発起。勢いとノリで自動車教習所の門をくぐりました。

知人の紹介で某校に入校。バリバリのオートマ限定。卒業シーズンと重なったせいか教習生が若いったらありゃしない。それを象徴するやり取りを一つ。

教習車内での会話・その1「それじゃあ、よろしくね。早く卒業出来るように頑張ろう。え～……櫻井くんね。あ……櫻井……さんですね」その2「よろしくお願いします。え～と……ん？ 櫻井さんは免許2回目とかですか？」

そういう年齢なんでしょうね。若く見えると言われますが、これは職業柄でしょう。一般的に考えたら若作りで派手なオッサンです。ま、年齢不詳は武器の一つですが。

学科は3〜4人の男の先生たちがローテーションで教えてくれたのですが、実車教習は女性教官も何人かいました。何故だか分かりませんが、女性教官Oさんの実車教習が多く、何となく顔見知りになりました。無口な男性教官と違って、女性教官はフランクな人が多いです。O教官の場合（注・櫻井の「さ」の字にアクセントを付けて色っぽく読むと感じが出ます）。「……櫻井さんは彼女とかいるの？　……へぇ、そう。ホントに？　フフフ。……じゃあ、車は女の子受け良いのがいいんじゃない？　……櫻井さんは国産のイメージは無いわ。例えば……次の交差点を右折したら左から2番目の車線に入ってください……イタリア車とかいいんじゃないかしら、ウフフ」というように、会話の合間に指示が入るので路上教習は色々な角度からドキドキしてました。


それにしても……朝6時に起きて通った日々はまさしく学校でした。それも小学校。「贖《あがな》いの日々」というガチンコ教習ビデオを朝っぱらから観させられて凹んだり、高速教習からの帰り道に助手席で爆睡して車内を微妙な空気にしたり、2度ほど歩行者にダイブしそうになったり……。充実したスクールライフでした。

仕事の前や合間の時間を駆使してコツコツ通った期間は約5か月（サボった2か月間を含む）。車に何度か轢かれているので億劫だったのですが、運転してみるとなかなか面白いですね。渋々通い始めた割にはあっという間に卒業してましたから。

ただ、何といいますか……免許が取れて嬉しい気持ちと、残念な気持ちが入り混じった不思議な気分です。免許を持ってない方が自分らしいからでしょうね。

さ、せっかく取ったんですから車でも買いましょうか。ハマー以外で。

vol.29　オカンと僕と、割りとオトン

1年に数回、両親が上京します。ランダムですが、大体1〜2回のペースで東京に攻めてきます。なかなか里帰りをしない道楽息子がナイスタイミングとばかりにそこに合流するのですが、この数年で自然な形になってきたのか恒例になりつつあります。

今年はというと……スタート地点が愛知である事を感じさせない、気合いの午前中待ち合わせ。東京在住の息子が寝坊で遅刻するという、櫻井一家らしいスタートで幕が開きました。

目的地は浅草。三社祭の真っ最中で凄い賑わい。雷門をくぐり、浅草寺本堂を目指し一直線。仲見世通りは神輿の往来で人垣が幾重にも出来上がり、歩く事すら困難な状態。そんな中、スイスイと人波の中に消えていく父・武司。いやいや、見失いますから……。

本堂でお守り等を購入した後、腹ごしらえに馬肉を頂く。これが美味。小柄で華奢なのに、誰よりも食べる母・文繪。とにかく食べます。馬1頭くらいイケるんじゃないかと錯覚するくらい食べます。

馬で腹一杯になった櫻井一家は、再び浅草寺方面へ。途中、大きな神輿が通り掛かると父が加速装置。あっという間に見失う。どうやら祭りや神輿が好きらしく、普段と比べてテンション高め。博覧強記で文化レベルの高い父は、こういうタイミングで素を見せる訳です。父が満足して戻って来ると、今度は長男・孝宏が一時離脱を宣言。大事なG1レースがあるため最寄りのウインズへ行きたいと言い出す。すると、「あたしの分も買ってこい」と母も参加。絞り込んだ2頭はなかなかのチョイス。中穴から大穴狙いの息子が選ばなかった馬で、両者全く違う予想に。で、肝心のレース結果はというと、母・息子共にハズレ。残念。かすりもしない息子。選んだ2頭が1着と3着、悩んで外した馬が2着だった母。興味すら示さない父。俯瞰で見たらいい画でしょうね。「馬を食べ、馬に賭けたが上手く当たらず、ウマが合わなかった」とまとめた母が神々しく見えました。なかなか会えないからこそ、こういう自由な一日が刺激にも安らぎにもなる。当たり前の事だから鈍感でいられる……。こういう歳になってから分かる事もたくさんあるもので、その引き金になってくれるものは、色々とある訳ですが、僕にとっては家族の存在が大きいように思えました。この2人が自分の親であり、この2人の息子が自分なんだと、やはり実感出来ます。こう言えるのもそれなりに積み重ねてきた証なんでしょうけど。若い頃は照れが邪魔をするもんです。特に男は。

皆さんも、ご家族と過ごす時間をちょっと意識してみては如何でしょう?

母は強く、父は偉大ですよ。いや、ホントに。

vol.30　コレクターズ・ハイ

コレクターとは……独自の美的感覚や美意識・理想を複雑に絡め合わせ、それを物に昇華出来る人種の事である（2007年9月25日4:18AM／櫻井孝宏）。

〝収集〟という言葉は人によって持つ意味合いが異なります。大きく、「集める必要がある」と、「必要だから集める」の2つに分かれます。そして、前者は「必要に迫られて」、後者は「欲しいから」というように根本に違いがあります。コレクターは完全に後者のパターンですが、前者→後者という変則型も存在しています。

趣味嗜好は個人の持ち物なので、何を好きかは知っていても、何故それが好きなのかは案外知らないものです。当人ですら分からない事もしばしばですし、感覚で取捨選択しているものなので説明のしようがありません。

例えば……櫻井は幼少のミギリより、精巧に出来た小さな物に目がなかったそうです。さすがA型。時計やミニチュア模型、ある意味キンケシやビックリマンシールもその範疇ですね。好きになった理由はさっぱり憶えていませんが、想像するに、何か衝撃的な出会いをしたのだと思います。おそらく漫画とかプラモの類いでしょう。子供は素直ですから、無意識にそれに影響される。絶対だと思ってしまった出来事や人や物に対して、人は無力です。こと、物に関しては顕著で、「なんか好き」とか「なんか良い」みたいなスイッチが入ったらアウト。気付けば、琴線に触れ↓金銭に触れ……の無限ループが始まりドツボに。こうなったら最後、果てを見る為の辛くて長い旅に出なくてはなりません。櫻井の場合……レコードとアンティークです。特にレコードは生き地獄の域に達し始めました。「レコードにまみれて死にたい」と、笑顔で言えますね。

vol.25でも言及しましたが、物欲とはとても複雑で単純な自己表現です。物に対する愛着は人によって千差万別、無限に広がる宇宙みたいなもの。自分だけの物を発見し、シンクロ出来た時のカタルシスは、分かる人にしか分からないささやかな喜びとなるのです。

なんて書いておきながら、自分の面倒臭さに辟易しています。こんな風にややこしく考えなくてもいいんですけどね……。ま、複雑にする労力は文字と言葉の浪費かもしれませんが、時には無闇に形にする事も楽しいんじゃないかな、なんて。

自分で価値を決める作業は、自分の価値を決めることにも繋がりますしね。

まさしく、プライスレス……。

vol.31　大竹まことに愛を込めて

好きだったテレビ番組があります。『大竹まことのただいま！PCランド』です。NECホームエレクトロニクスとハドソンがスポンサーのPCエンジンをフィーチャーした30分番組で、タイトル通り司会は大竹まこと。他に金子恵美（現・金子恵実）、市川かおり、渡辺浩弐、福田英次の4人が出演していました（敬称略）。

数多くあったゲーム番組の中で一番記憶に残っているのがこの『PCランド』。ゲームバラエティなのですが「ゲーム」よりも「バラエティ」に特化していて、そのネタもチープ＆マイナー色溢れる実験的なものばかり。軸のコーナーは出演者達の体験・挑戦モノとゲーム紹介で、他は時期折々の企画。出演者の顔触れもかなり不思議な人選で、この番組が狙った世代にとっては「？」な人がほとんど。お陰で先入観なく見られたワケですが、当然の如く子供たちは「PCランドの人」という認識になってました。

メガドラではなくPCエンジン派だった櫻井は、毎週火曜の放送を楽しみにしていました。が、先程も申し上げた通り、「バラエティ」な要素が際立った構成だったので、ゲームに触れるのはオープニングとエンディングの一瞬のみ。時間にして約2〜3分。とてもゲーム番組とは思えないその雑な扱いは、「ゲーム情報の為に時間を割いて貰ってすみません」という気分にさせられるほど。ただ、見る分には全く苦はなく、寧ろ丁度良い塩梅で30分を楽しんでいました。

番組の絶頂期に「どんなもんだ」という人気を博したコーナーがありました。普段着の素人さんが登場して一芸を披露するというシンプルなコーナーなのですが、これがとんでもない方向に。

初めこそ「ダンス名人」「けん玉チャンピオン」というタッチだったのですが、気が付くと「凄いゲップを出せる」「みかんを口の中でジュースに変えられる」的な流れになり、ヒドいものになると「絵の具を舐められる」「自分の乳首を吸える」等の出たがり素人がブラウン管に映る始末。いやぁ、最高でした。中でも特に印象的だったのが、「人差し指で段ボールをぶち抜く」というパワープレイ素人さんが登場した時に、大竹さんのマネージャーが挑戦させられ、指が逆に曲がって終了という衝撃的な結末。びっくりしました。

他愛のない番組でしたが、純粋に面白かったです。ちょっぴりライブ感があったんですよね。予測不能な生っぽさ……これ重要かもしれません。用意周到なお膳立ては時として無粋なものになりますから。時代ですかねぇ……。

最近、すっかりテレビを観なくなってしまいました。ニュースくらいなもんです。バラエティもたくさんあって面白いっちゃあ面白いんですが、番組というより出ている人達が面白いんですよね。当時録画したビデオを観て、「こういう番組ないかなぁ……」なんて思ってしまった、33歳の大人子供・櫻井孝宏でした。

vol.32　花園ワンダーランド

昨年の話ですが、酉の市へ行きました。ライトで無理矢理明るくなった、東京は新宿にある花園神社。深夜2時まで開催している気合の2デイズ。因みに一の酉。これだけの夜店が並ぶ光景は久し振りで、何だか懐かしい心持ちに。参道の両脇に軒を連ねる露店はまるで無限に続いているように見えてとても幻想的。見慣れた筈の神社が全く別の場所に見える程に、そこは特別な空間になっていました。

若干、興奮状態の櫻井でしたが、礼儀正しく参拝からスタート。完全なオリジナルスタイルで〝健康〟に関する地味なお願いをし、開運招福・商売繁盛の小ぶりな熊手を買って、レッツ露店。すっかりお祭り気分の浮かれ野郎は近くにあったお店に次々と手を出し、お好み焼き・とうもろこし等で腹一杯に。それはそれで良かったのですが、よくよく見渡してみると気になるもの満載。更なる物色を試みていたその時……自分の興味の全てを奪われる衝撃の出会いをしてしまったのです。そう、その名も……見世物小屋!!　後日知ったのですが、日本に残る唯一の見世物小屋らしく、名地を巡業しては昔から伝わる芸や見世物を披露してくれる、それはそれは貴重な存在なのだそうです。

あの、入り口に立った時の期待と不安の入り混じったような感情はまるで子供のようで、目の前に繰り広げられる刺激的な色々をギラギラした目でひたすら見続けました。

細かな内容はここでは書きませんが、とても充実したひと時でした。ちょっとダーティーなイメージのある見世物小屋ですが、宣伝が上手だったということなんですね。巧みな話術で見せるものを魅せるものにする。〝見てもらう〟というより〝見せてあげる〟に近いスタンスが絶妙。誇張や大見得は単なる味付けと、サクサク進められる危うくて生々しいショーの数々は、サーカスやマジックとは違うドキドキがあってとても興味深いです。日本ならではのエンターテインメントだなと思いました。

酉の市って面白いです。場所によって作りの差異はあるのでしょうが、そこに集まる人たちの気持ちは同じで、その作り作られる目に見えない一体感がとても心地よかったです。暗いのに明るく感じられるのは、物理的なライトアップのせいもあるとは思いますが、何より人の熱気や興奮がそうさせているんですね。上手く言えませんが、なんとなく夢の世界に行ったような気分でした。

次の秋が待ち遠しいです。

ラスト　全ての言葉はさよなら

僕は音楽が好きです。聴く方専門でそのほとんどが洋楽なのですが、数少ない例外にフリッパーズ・ギターがいます。ダバダバスキャットで始まる『恋とマシンガン』が有名で、現Cornelius の小山田圭吾とオザケンこと小沢健二の2人がメンバーでした。

シニカルで芸術的な言葉遊びと洋楽ライクな曲作りは、おおよそ日本人バンドとは思えない毛色と毛艶。初めは理解しにくい世界でしたが、バイト先の店長のヘビーリスニング特訓の甲斐あって2週間で開眼。嘘のようにハマりました。特に好きな曲は『ラブ・アンド・ドリームふたたび』で、100万回以上聴いてます（筆者主観）。

何故こんなに好きなのか訳が分からないのですが、どれくらい好きかというと、フリッパーズ・ギターになりたいぐらい好きです。まだ自分の事をよく知らなかった頃に突然に出会って心を掻っ攫われてしまいました。そして、未だに呪縛から解放されず、その音と声と言葉が自分にとっての絶対であり続けています。


心を捕らえた言葉や音色はなかなか離してくれません。別に離して欲しいと思っている訳じゃないんですが、どうしてかそういう気持ちにさせられます。

形が無く目に見えないものだから不安があるのかもしれません。逆に、そうだからこそ安心出来るのかもしれません。

離せないのか離してくれないのか……。

影響されているのか求めているのか……。

欲しいのか要らないのか……。

好きなのか嫌いなのか……。

そういうものは全部、大事にしまって隠してしまいましょう。
見つかるのは嫌ですし、見つけるのはもっと嫌ですから。

じゃあ、僕も見つかる前に帰ります。

また何処かで。
ばいばい。

後書き

まだ手探りだった若い頃に期待と不安を縒って編んだまだらな記憶。所々ほつれ摩耗し失ってしまいましたが、残った断片を文字にしたのがこの本。記憶だけがあって気持ちが曖昧な素描のようなページがあれば、記憶は不明瞭なのに感情が生々しい抽象画のようなページもある。不恰好だけどそれがとても自分らしく思えました。悪くないですよね。

「イスカンダルへ行きたかったのにまだ練馬」と書いて18年経ちます。今どのあたりなんでしょう。当時の私はイスカンダルを目的地と定めました。イスカンダルとは『宇宙戦艦ヤマト』に登場する約束の場所。しかしそこはゴールではありません。ゴールはあくまで地球なのです。行って戻ってくる。そういう大事なディティールを拾わないのが実に私らしい。

不真面目を真面目に書きたかったあの頃と、真面目を不真面目に書きたい今。この誤植のような違いがとても重要。くだらなく見えるものほどその人にとっては宝物だったりします。

その発想でいくと、今の私は遥か彼方の怪しいイスカンダルより想像がつく練馬の方がいい。「イスカンダルへ行きたかったのにまだ練馬」ではなく、「イスカンダルへ行くならまだ練馬」が、現状の答えのようです。

最後まで読んでいただきありがとうございました。

本書は雑誌『ダ・ヴィンチ』（KADOKAWA）連載「ロール・プレイング眼鏡」（2020年5月号～2021年11月号）および『hm³』（音楽専科社）ほかの連載「櫻井孝宏のザクライ」に加筆修正のうえ、書き下ろしを加えたものです。

イラスト＝櫻井孝宏
写真＝山口宏之
ヘアメイク＝MAIMI
装丁＝川名 潤
企画協力＝株式会社インテンション

47歳《さい》、まだまだボウヤ

2021年10月28日　初版発行

著　者　　櫻井孝宏《さくらいたかひろ》

発行者　　堀内大示

発　行　　株式会社KADOKAWA

〒102-8177
東京都千代田区富士見2-13-3
電話 0570-002-301（ナビダイヤル）

印刷・製本　図書印刷株式会社

ISBN 978-4-04-680930-8　C0095

定価はカバーに表示してあります。

●お問い合わせ　https://www.kadokawa.co.jp/（「お問い合わせ」へお進みください）
※内容によっては、お答えできない場合があります。
※サポートは日本国内のみとさせていただきます。
※Japanese text only